面向存在之思

楊國榮著

比較研究叢刊

吳有能主編

文史哲出版社印行

國家圖書館出版品預行編目資料

面向存在之思 / 楊國榮著. -- 初版. -- 臺北
市：文史哲，民 87
面： 公分. -- (比較研究叢刊；5)
含參考書目
ISBN 957-549-169-6(平裝)

1.哲學 - 中國 - 先秦（西元前 2696-221）

121　　　　　　　　　　　87013912

比 較 研 究 叢 刊　⑤
吳有能主編

面向存在之思

著　　者：楊　　國　　榮
出 版 者：文　史　哲　出　版　社
登記證字號：行政院新聞局版臺業字五三三七號
發 行 人：彭　　正　　雄
發 行 所：文　史　哲　出　版　社
印 刷 者：文　史　哲　出　版　社
臺北市羅斯福路一段七十二巷四號
郵政劃撥帳號：一六一八〇一七五
電話 886-2-23511028 · 傳眞 886-2-23965656

實價新臺幣三二〇元

中 華 民 國 八 十 七 年 十 月 初 版

比較研究叢刊總序

　　如果說二十世紀的世界是地球村時代，那麼二十一世紀的世界應是網路村時代了，地理間距的不便必將因為資訊交通的發達而被克服，科技的發展、資訊的流通，特別是網路的普及，將全球化過程急速加劇。

　　在這樣一個世界中，沒有一個國家可自外於其他國家，更沒有一個文化可以自絕於世界文化之外。面對這樣一個形勢，今天我們在走向二十一世紀的過程中，就必須有國際的關懷，全球的視野，而比較研究最足以開展我們的眼界，拓深我們的了解；通過比較，不但文化的異同得以彰顯，更重要的是我們可以擴充視野，增加看問題的不同觀點。通過這樣一個過程，我們不但可了解對方，更可以進一步在對比中深化自我的了解。知己知彼，一定大有助於我們在下一世紀中走出中國人的康莊坦途。

　　其實，比較可說是人類最基本的思維模式之一，古人仰觀天文，俯察地理，以和人文進行對比，這種認知思維活動背後就含藏著比較的成份。事實上，中國古代哲人就常常運用比較法進行思考。孔子談因革損益，就可以看成為比較思維的結果。

　　不過，到底何謂比較研究法呢？這個問題自然不是這樣

一篇短文可以詳加交代的，在這裡我們也只是略談梗概而已。從對象方面說，顯然的，比較法所涉及的比較對象，必然多於一個，才可以稱之為比較法。可是，值得一提的是，通常一談比較哲學、比教宗教學或比較文學，人們自然就會想到跨文化的比較（Inter-cultural comparision），如中西比較、中印比較等，而實際上近代學人在這些方面用力較多，自然也容易給人這樣一個印象。

　　跨文化的比較當然是比較文化研究中的重要一支，但是單一文化中的比較研究也很重要。所謂單一文化中的比較研究，指的是比較研究的對象是屬於同一文化的，然而進一步說，單一文化中的比較研究，又可依時、地、人三者分為三大類。

　　從時間上看，我們可以比較不同階段，如比較漢宋儒學之異同，或同一個觀念的在歷史上的不同變遷，如較論致知概念的演變等。從地域上看，我們可以比較不同地域的學風，如南北經學之異同、齊魯與荊楚文化之異同等。而從人物上看，我們可以比較不同學者，如朱陸異同，也可以比較同一個思想家的前後期的變化，如王學三變、朱熹中和說之演變等；此外，學術人物往往轉相結合成為學派，而對於不同學派的比較，當然也屬於比較研究的範疇，譬如我們可以比較天臺與華嚴的異同、儒道法的異同等等。

　　綜而言之，無論是跨文化的，抑或是單一文化的比較研究，從比較的對象言，所涉及的對象必然是超過一個的，這是比較研究的根本特性。當然，在邁向二十一世紀的世界化

途程中，中外比較研究還是最吸引人的。

可惜，時至今日我們總體的成績還是十分有限。有鑑於此，我們決定出版比較研究叢刊，藉著刊印人文學中優秀的比較研究論著，希望能為比較研究的推動，多盡一份心力。很榮幸的是，我們這個構想，初步已得到國內外著名學人的支持，目前這套叢刊已收集到國際著名比較宗教學專家秦家懿教授、著名神哲學家溫偉耀教授、比較哲學名家陳榮灼教授等大作，將於近年陸續出版。我們希望在將來，這套叢刊能收到更多優秀的學術論著，讓讀者一起分享高水準的好書，並從而進一步反思中國及世界的文化前程，讓人類邁向更光明的未來。

個人在治學方面，受業師勞思光先生啓導良多，勞師致力將中國哲學放在世界哲學的配景中進行研究，實為個人從事比較研究的啓蒙，適值思光先生七十大壽，謹以此序為頌！

丙子年八月八日**吳有能**序於台北

面向存在之思

目 次

道・天・地・人

　　存在是哲學的恆久主題。儘管追問和沈思的方式可以各異，但哲學之思總是不斷地指向存在。作爲中國哲學重要的早期文本，《老子》[1]同樣表現了對存在的關切。以道爲總綱，通過終極之道與人的存在、道與德、爲學與爲道、既定之「有」與未定之「無」、超越在場與守護可能等關係的論析，《老子》展示了對存在的深層思考。

一、形上形下之間

　　相對於先秦時代儒墨二大顯學，《老子》似乎對形而上的問題表現出更爲濃厚的興趣：以道的辨析作爲全書的出發點，一開始便展示了一種形而上的視域。而在《老子》哲學的展開過程中，我們確實可以一再看到對形而上學問題的追問和沉思。

　　一般說來，形上思維總是傾向於區分現象與現象之後的存在，《老子》一書似乎亦體現了這一特點。綜觀全書，我們常常可以看到這一類的表述：「大成若缺」、「大盈若沖」、「大直若屈」，（第四十五章）「明道若昧」、「質眞若渝」、「進道若退」。（第四十一章）這裡的「若」，主要與對象的外在顯現相聯繫。

1　關於老子其人和《老子》其書，近人有不同的看法，這裡不擬對此作詳
　　細考辨。本文所關注的，主要是《老子》這一文本所內含的哲學意蘊。

完美的實在呈現於外時，往往似有缺陷；充實的對象在外觀上常常顯得虛而空，如此等等。在此，對象的眞實存在與對象的外在呈現似乎展現爲二重系列，質言之，在眞實的存在與現象的呈現之間有著某種本體論上的距離。

　　這樣，按《老子》的看法，本然的存在一旦取得現象的形式，便意味著失去其眞實的形態。在談到五色、五音等與人的關係時，《老子》進而指出：「五色令人目盲，五音令人耳聾，五味令人口爽。」（第十二章）此所謂色、音、味既對應於自然，又意指呈現於外的現象；從前一意義上看，五色、五音等作爲人化之物意味著對自然狀態的破壞，就後一意義而言，色、音、味又作爲外在現象而與眞實的存在相對。《老子》認爲五色令人色盲、五音令人耳聾，不僅表現了對人化世界的拒斥，而且也流露出對現象世界的貶抑和疏遠。

　　現象世界的非眞實性，決定了不能停留於其上。《老子》一書一再要求超越現象，以達到眞實的存在。在對道的規定中，我們便不難看到這一點。對《老子》來說，由色、音、味等現象層層追溯，最後總是引向終極的存在，亦即道。作爲終極的存在，道構成了萬物的本源：「是謂天地根」。（第六章）相對於聲、色等所構成的現象世界，道具有不同的特點，《老子》對此作了如下闡述：

　　　　視之不見名曰夷，聽之不聞名曰希，搏之不得名曰微。此三者，不可致詰，故混而爲一。其上不皦，其下不昧，繩繩不可名，復歸於無物。是謂無狀之狀，無物之象，是謂恍惚。迎之不見其首，隨之不見其後。執古之道以御今之有，能知古始，是謂道紀。（第十四章）

視、聽、搏以可感知的領域爲其對象，所視、所聽者都不外乎感

性的現象。道則超越了現象之域，無法以名言來指稱（不可名），也難以歸結爲某種具體的對象。《老子》常常用「無」來表示道，所謂「復歸於無物」，亦著重指於出「無」這一規定。這裡所說的「無」，並不是不存在，而是強調道不具有呈現於外的感性規定。黑格爾已注意到了這一點，在談到《老子》的「無」時，他曾指出：「這種『無』並不是人們通常所說的無或無物，而乃是被認作遠離一切觀念、一切對象，——也就是單純的、自身同一的、無規定的、抽象的統一。因此這『無』同時也是肯定的；這就是我們所叫做的本質。」（《哲學史講演錄》）第一卷，商務印書館，1981年第131頁），不妨說，在《老子》哲學中，「無」所突出的，是終極本體對外在現象的超越。

《老子》要求從可感知的現象世界走向「復歸於無物」的道，無疑展示了一種形而上的路向。作爲天地之根，道構成了萬物的第一原理，所謂「夫物芸芸，各復歸其根」（第十六章），以及「天得一以清，地得一以寧」、「萬物得一以生」（第三十九章），便意謂著具體的「有」，向超越感性規定的「無」（道）回歸。在這裡，復歸本根與追尋統一表現爲同一個向度：道作爲萬物存在的根據，同時構成了世界的統一性原理。

天地萬物既有其統一的本源，又展開爲一個變化運動的過程。從自然對象看，「飄風不終朝，驟雨不終日」，（第二十三章）不存在永恆不變的現象；就社會領域而言，「金玉滿堂，莫之能守」，（第九章）社會成員的地位、財富也都處於流變之中。《老子》從總體上對世界的變化過程作了如下概述：「反者道之動。」（第四十章）這裡的「反」既指向本源的復歸，又泛指向相反的轉化，後者意味著對既定存在形態的否定。在此，「道」從否定的方面，展現爲世界的變化原理。

從哲學思維的發展看，自原始的陰陽說與五行說開始，形上之思便試圖對世界的統一性和發展變化作出不同的解釋。陰陽說以二種對立的力量來說明現象的運動變化，表現了對世界發展原理的關注；五行說以五種基本的物質元素來解釋世界的構成，其思維路向更多地涉及世界的統一性原理。不過，在原始的陰陽、五行說中，作為動力因的陰陽以及作為世界構成的五行都仍與具體的質料糾纏在一起，而以某種特殊的物質形態來解釋世界的統一和變化，顯然有其理論上的困難。相形之下，《老子》將「復歸於無物」（不同於具體物質形態）的道，視為世界的第一原理，無疑已超越了質料因的視域。

《老子》由區分現象與現象之後的存在，進而追尋萬物統一的本源，無疑表現了對存在的關注。如果我們把存在的追問視為一種本體論向度，那麼，《老子》哲學確乎已開始走向本體論。當然，在《老子》哲學中，本體論的沉思與宇宙論的構造界限往往還不很分明，道常常既被理解為存在的根據，又被視為萬物的化生者，在所謂「天下有始，以為天下母」（第五十二章）、「天下萬物生於有，有生於無」（第四十章）等命題中，道與萬物的關係便多少被賦予某種生成的性質。不過，無論是本體論的走向，抑或宇宙論的進路，都表現為對世界的終極性思考。

廣義的存在不僅包括本體論意義上的「有」（being），而且涉及人自身的「在」（existence）。《老子》在追問「有」以及「有」之本源的同時，並沒有遺忘人自身的存在。為了更具體地了解這一點，我們不妨看一下《老子》的如下論述：

> 故道大，天大，地大，人亦大，域中有四大，而人居一焉[1]。（第二十五章）

---

[1] 此句中二「人」字，王弼、河上公本作「王」，但按本章下文「人法地，地

這裡提出了道、天、地、人四項，其中既包括廣義的「物」（天地），亦涉及人，而涵蓋二者的最高原理則是道。《老子》將人視爲域中四大之一，無疑體現了對人的存在價値的肯定。

《老子》的四大之說，在某些方面使人聯想到海德格爾的類似觀念。海德格爾在後期的若干論著中，曾有天、地、人、神四位一體之說：「由於一種原始的同一性，大地和天空、諸神和凡人這四者是四位一體。」（《築・居・思》，《海德格爾詩學文集》，華中師範大學出版社，1992，第139頁）這四者的相互聯繫，便構成了世界：「大地、天空、諸神和必死者之單純一體性的佔取性映射遊戲，就被我們稱之爲世界。」（《物》，同上，第163頁）這裡首先當然體現了對人的存在的關切：人在大地之上、天空之下，面對諸神，向死而在（「死將存在的在場寓於自身之中」——同上）。在《物》一文中，海德格爾曾分析了物在統一天、地、人、神中的作用，認爲「物存留了大地、天空、諸神和必死者。在此存留活動中，物把相距遙遠的四者帶近並合爲一體。」[1]（同上，第162頁）然而，作爲四大的凝聚者，物並

法天」之序，則「王」當作「人」，王弼在注文中即按「人」字來解說，而唐傅奕《道德經古本篇》及宋范應元《老子道德經古本集注》即作「人」，現據以校定。

1　海德格爾曾以壺爲例，來說明物在統一四大中的作用。壺可以容納水或酒，後者首先又與泉相聯繫。「泉作爲贈禮之水而存在著，岩石居於泉邊，大地沉睡於石岩上，沫浴著天空的雨露。天空與大地聯姻而居於泉水中，沉醉於葡萄釀成的酒中，大地的滋養和天空的陽光在這藤蔓水果中結合。天空和大地棲居於水的贈禮與酒的贈禮之中。」這樣，在壺之中，「棲居著天空和大地」。但壺同時又與人與神相聯繫。「傾出的贈禮爲必死者（人）提供了飲料，它止住了他們的乾渴，它復活了他們的歡樂，它復興了它們的生機。但壺之贈禮有時被用於祭神。」（同上，第157頁），在此，天、地、人、神即通過壺這種物而相互聯結。

不是人之外的自在對象。海德格爾通過對「物」的詞源學的分析，指出：「它表示以任何方式作用於人、關涉人、從而可置於討論的任何事物。」（同上，第159頁）換言之，物只有與人相聯繫，才具有溝通天、地、人、神的作用；在物的背後，乃是人的存在。

　　不過，與後期對技術專制的批評相應，除了以人的存在爲關注之點外，海德格爾的天、地、人、神四位一體說還具有另一重涵義。在談到安居時，海德格爾指出：「人通過居而處於四位一體。……必死者居著，體現爲他們拯救了大地。」「拯救並不只是將某物帶出危險。拯救的眞正涵義是讓某物自由地進入自己的在場。拯救大地並不僅是開發它或消耗它。拯救大地並不意味著主宰之、奴役之。那樣做完全是一種搶劫。」（《築·居·思》，同上，第140頁）開發、消耗、主宰、奴役側重於對大地的征服和利用，它在要求化自在之物爲爲我之物的同時，又蘊含著人類中心的觀念。與之相對，天、地、人、神的四位一體，則意味著在安居於大地的同時，揚棄人類中心的觀念。換言之，物固然因人而在，但人亦與物共在：「居總是與萬物呆在一起。作爲保持的居把四位一體保持在必死者與之共處的萬物之中。」（同上，第141頁）不難看出，在天、地、人、神的相互映射中，一方面，人的存在並沒有被遺忘，另一方面，這種存在又始終處於四方的關係之中。

　　在關注人的存在這一點上，《老子》的道、天、地、人四大之說無疑表現了與海德格爾相近的思維趨向。當然，與後期海德格爾更多地以四位一體突出存在的共居性及相互映射性有所不同，《老子》將人提升爲四大之一，似乎旨在溝通對道的終極追問與人自身的存在：在道、天、地、人四大之中，形上的關切同時指向了本體論意義上的存在（being）與人自身的存在（existence）。

海德格爾曾批評傳統形而上學僅僅關注存在者，而遺忘了存在本身。所謂存在者，常常意指具體對象之後的「一般」存在，存在本身則首先與人自身的存在相聯繫。如果說，《老子》對道的追問多少近於探求存在者，那麼，將人列入四大，則意味著超越對存在本身的遺忘。不難看出，道大、天大、地大、人亦大之說的內在哲學意蘊，在於對存在（being）與「在」（existence）的雙重關注。

從人為域中四大之一這一前提出發，《老子》提出了知人的要求：「知人者智，自知者明。」（第三十三章）知人是認識他人，自知是認識自我，二者都指向廣義的人。與面向道的形上之思有所不同，《老子》對人的把握主要並不表現為一種本體論上的終極追問，而是體現為對人的存在境遇及存在方式的關切。人存在於世，總是會遭遇各種生存處境，《老子》從不同方面考察了人的在世過程。強弱、榮辱是人生面臨的基本問題之一，《老子》在反省了人生的強弱變化等種種現象之後，提出了如下的在世原則：「知其雄，守其雌。」（第二十八章）雄象徵著強有力的狀態，雌則代表弱勢，根據「反者道之動」的原則，事物發展到一定階段，便會向其反面轉化，所謂「兵強則滅，木強則折。」（第七十六章）因此，在了解了何者為強之後，始終保持柔弱狀態，才不失為明智之舉。同樣，就榮辱而言，在《老子》看來，合理的態度應當是「知其榮，守其辱」，以達到「復歸於樸」（第二十八章），亦即不要過分地去追求世間的榮耀，而應保持一種質樸的狀態。

以上更多地表現為一種個體自我調節的原則。就自我與對象的關係而言，在世過程又涉及去取、予奪等交替變更：「將欲翕之，必固張之；欲將弱之，必固強之；將欲廢之，必固興之；將

欲奪之，必固與之。是謂微明，柔弱勝剛強。」（第三十六章）
這裡固然涉及政治、軍事等領域的具體謀略，但從哲學上看，它
又廣義地表現爲一種應付存在境遇的方式，而柔弱勝剛強則是其
核心原則。人生在世，總是要與他人打交道，而打交道又往往會
有得失，柔弱勝剛強便被視爲有效應付對手的方式。在這裡，存
在的關注似乎引向了處世方式的設定。類似的處世原則還包括：
「知足者富」（第三十三章）、「甚愛必大費，多藏必厚亡」、
「知足不辱」（第四十四章）、「不敢爲天下先」（第六十七章），
如此等等。

　　相對於海德格爾，《老子》對存在的如上考察，顯然表現了
不同的視域。從批評存在的遺忘這一立場出發，前期海德格爾將
存在者的存在轉換爲此在，並以此在的時間性爲切入點，對此在
作多方面的分析，這種分析被稱爲基礎存在論，具有獨特的本體
論意義。對此在的這種本體論層面的分析，確乎達到了相當的理
論深度。與海德格爾有所不同，由溝通終極之道與人的存在，《
老子》往往將注重之點指向了人在各種境遇中的「在」，其追問
的對象亦常常由人在世的本體論意義，轉向人在世的具體方式。
這種思路突出了存在的現實之維以及人與日常處境的聯繫，體現
了日用即道的哲學向度；它對於抑制思辨的走向，避免存在的超
驗化，無疑具有不可忽視的意義。然而，將存在的關切與在世方
式的探尋聯繫起來，似乎亦容易使存在的追問衍化爲某種處世哲
學，從而限制存在之思的深沉性，道家哲學後來在某些方面被引
向「術」（謀術、權術、長生術等等），與此似乎不無關係。

　　《老子》以道爲第一原理，從而超越了原始的陰陽五行說；
又以道大、天大、地大、人亦大的四大之說確認了人的存在，從
而不僅以本體論上的「有」（being）爲關注之點，而且將人自

身的「在」（existence）引入了哲學之思。從理論上看，存在的探尋總是與人自身的「在」聯繫在一起。相對於本體論意義上的「有」（being），人自身的「在」更多地展開於人的生存過程：它在本質上表現爲一種歷史實踐中的「在」（existence）。離開人自身的「在」，存在（being）只具有本然或自在的性質；正是人自身的「在」，使存在向人敞開。因此，不能離開人自身的「在」去對存在作思辨的懸想。當然，人自身的「在」，也並非處於存在之外，它總是同時具有某種本體論的意義。這樣，人一方面在自身的「在」（existence）中切入存在（being），同時又在把握存在的過程中，進一步從本體論的層面領悟自身的「在」。儘管《老子》在對道作終極追問的同時，還沒有完全自覺地將其與人自身的「在」聯繫起來，事實上，在某些方面，道的沉思往往還游離於人自身的「在」，然而，《老子》在四大的形式下，將人與道、天、地加以聯結，似乎又蘊含著溝通存在（being）與「在」（existence）的意向。總之，就其在某些方面離開人自身的「在」去追問終極之道而言，《老子》哲學無疑還沒有完全超越以思辨的方式去追問存在者的存在；但就其以四大統一人、地、天、道而言，它又顯然多少有別於對存在的遺忘。

以道的形上追問與人的形下關切爲雙重向度，《老子》的第一哲學確乎展示了自身的特點。在道、天、地、人的四重關係中，形上之道與人的存在從相分走向相合，但與後期海德格爾以天、地、人、神的相互映射揚棄人類中心觀念，亦即由人走向天、地、神有所不同，《老子》的邏輯秩序是道、天、地、人，亦即從道走向人。這種思路一方面通過面向人的現實之「在」而多少抑制了對道的超驗承諾，但同時亦容易使存在的關切導向處世哲學，從而限制存在之思的深度。

二、尊道貴德

　　與存在和「在」的雙重關注相聯繫，《老子》對道與德的關係亦作了獨特的考察。關於道，《老子》有過多重界說；如前所述，作爲萬物的根據，道具有形而上的性質。《老子》在第二十五章中對此作了更具體的規定：

> 有物混成，先天地生，寂兮寥兮，獨立而不改，周行而不殆。可以爲天下母，吾不知其名，字之曰道，強爲之名曰大。

「混」主要相對與已分化的個體而言，它所表現的是道的統一性品格；「先天地」與「大」隱含了時空上的無限性，「寂」、「寥」則表徵了道的超感性這一面；「獨立而不改」，表明道不依存於外部對象而以自身爲原因，「周行而不殆」確認了道與發展過程的聯繫；最後，「可以爲天下母」，則隱喻了道對萬物的本源性。

　　道自我統一而又先於天地、以自身爲原因而又超越感性的存在，在道這一層面，世界似乎更多地具有形而上和未分化的特點。如何由形而上的道過渡到形而下的物？《老子》提出了「德」這一範疇：「道生之，德畜之，物形之，勢成之。是以萬物莫不尊道而貴德」（第五十一章）「德」在《老子》哲學中有多重涵義。從本體論上看，所謂「德」，意味著有得於道，或者說，由道而得到的具體規定。黃老一系的《管子》在界說道與德的關係時，曾指出：「德者道之舍，物得以生生，知得以職道之精。故德者，得也。得也者，其謂所得以然也。」（《管子・心術上》）這裡固然滲入了《管子》作者的思想，但亦展示了與道相對的「德」這一範疇的本來涵義。事實上，在以上所引《老子》的論述

中，也不難看到「德」與「得」的這種聯繫：所謂「道生之」，是接著「可以爲天下母」而說的，其內在涵義在於強調道的本源性；「德畜之」，亦即得之道的具體規定構成了物生成的潛能；「物形之」，涉及特定質料與具體物質形態的關係；「勢成之」，則著重指出內在必然性（必然之勢）對事物的推動作用。從形而下世界的形成看，道作爲本源，同時表現爲一種自然的原則，所謂「道法自然」（第二十五章），即表明了此點，就這一意義而言，「道生之」，亦可理解爲物自生；而物的這一自生過程，又以「德」爲現實的出發點：物的發生與形成，總是表現爲「德」的展開。

道作爲未分化的超驗存在，往往無具體的規定，在此意義上，也可視爲「無」；德相對於道，已有所「得」，亦即取得了某種「有」的形態，這樣，「道與德」的關係和「無與有」的關係，便有了一種邏輯上的相通性。《老子》在第一章已指出：「無，名天地之始；有，名萬物之母。」[1] 天地之始既強調了道的超時間性，亦隱喻了道的未分化性（無天地之分、萬物之別），而天下萬物（一個一個的對象）總是以具體的規定爲其現實的出發點，這裡的「有」在包含具體規定上，與「德」無疑彼此相近，所謂「有，名萬物之母」，與「德畜之」，似乎亦可互釋。

1　此句在斷句上歷來有分歧，王弼等以「無名」、「有名」爲斷，王安石則以「無，所以名天地之始；有，所以名往萬物之母」解釋此句，亦即以「無」、「有」爲斷。（參見容肇祖輯：《王安石老子注輯本》，中華書局，1979）。從內容上看，二者的涵義事實上是相通的：「無名」即無法以經驗領域的名言加以表示者，「無」則意謂無具體規定者，二者所指實爲一（道），「有名」與「有」的分別亦類此，從文句結構上看，以「無」、「有」爲斷，與本章後二句「常無，欲以觀其妙；常有，欲以觀其微」似更爲一致。

　　《老子》哲學中的「有」與巴門尼德的「有」或存在顯然有所不同。在巴門尼德的哲學系統中，「有」或存在構成了世界的第一原理，而這種「有」，又被理解爲沒有內在區分的單一的存在，它與思想同一而與特殊的事物相對。在這種無分別的「有」之中，「萬物的多樣性已沉沒在這全一之中」（文德爾班：《哲學史教程》上卷，商務印書館，1989，第57頁）。質言之，巴門尼德的「有」更多地表現爲一種與個體相對的統一性原理。較之巴門尼德，《老子》的「有」與個體或特殊對象似乎有著更爲切近的聯繫：在《老子》哲學中，世界的統一本源並不是「有」而是「無」（或道）。所謂「天下萬物生於有，有生於無」（第四十章），強調的便是「有」與萬物的相通性：作爲萬物之源的「有」，也就是獲得了具體規定（成其「德」）的存在；萬物生於有，猶言具體之物總是源於具體之物。從終極的意義上看，「無」或道構成了形而上的存在根據；就萬物之間的相生而言，「有」或「德」又是事物化生的現實出發點。在此，本體論的視域與宇宙論的規定再次交錯在一起。如果說，「無」或道主要表現爲統一性原理，那麼，「有」或「德」則更多地展示了個體性的原理。

　　道與德、有與無作爲世界的二重原理，並不是彼此懸隔的，所謂「天下萬物生於有，有生於無」，已表明了這一點。在五十二章中，《老子》以母子爲喻，對此作了進一步的闡釋：

　　　　天下有始，以爲天下母。既得其母，以知其子。既知其子，復守其母，沒身不殆。

此所謂母與子，大致對應於道與德、無與有。這裡既涉及了認識之維，又滲入了本體論的視域。從認識之維看，一方面，在把握了存在的統一本源和形上根據之後，又應當進而切入具體的「有」

（知其子）；另一方面，對存在的考察不能停留在「有」的層面，而應不斷向形上本源回復。知母（把握形上根據）與得子（切入具體存在）的這種互動關係，在邏輯上又以道與德、有與無、母與子的統一爲其本體論的前提，這種統一既表現爲從道到德，即不斷從無具體規定走向具體規定，又以從德到道的返歸爲內容：「玄德深矣，遠矣，與物反矣」，（第六十五章）反（返）即意味著復歸本源。本體論上的從道到德和由德返道與認識論上的得母知子和知子守母，從不同方面展示了道與德的統一。

不難注意到，通過肯定道與德、無與有、母與子的互動，《老子》表現出溝通統一性原理與個體性原理的趨向。事實上，當《老子》強調「尊道而貴德」（第五十一章），便已明確地表明了這一立場：尊道意味著由現象之域走向存在的終極根據，貴德則蘊含著對個體的關注；在尊道貴德之後，是對統一性原理與個體性原理的雙重確認。如果說，肯定域中有四大（道、天、地、人）著重於道與人、存在與「在」的溝通，那麼，尊道而貴德則要求在更普遍的層面，打通形上體與形下個體，二者可以視爲同一思路的展開。

《老子》對道與德的規定，在某些方面使人想到了柏拉圖和亞里士多德。柏拉圖對眞實的存在與虛幻的存在作了區分，以爲唯有一般的理念才具有眞實性，而理念本身又表現爲一個層層上升的序列，其最高形態即至善。與理念相對的，是作爲感性對象的個體，後者在柏拉圖看來只是理念的影子或摹本，並不具有實在性。這種以共相爲第一原理的形而上學，顯然未能對個體原則作出合理的定位。在柏拉圖之後，亞里士多德將存在的考察與實體的研究聯繫起來，認爲「純粹的『有』（存在），必定是實體。」（參見《形而上學》第七卷第一章）實體本身有第一與第二之分，

第一實體主要指個體，第二實體則包括類或種。在亞里士多德看來，第一實體是最眞實的存在，它構成了其他一切事物的基礎，「如果第一實體不存在，其他任何事物也都不可能存在。」（《範疇篇》，參見《工具論》，廣東人民出版社，1984年，第11—19頁）在這裡，亞里士多德似乎表現出回到個體本身的趨向：相對於柏拉圖將存在的普遍性和統一性這一面提到至上的地位，亞里士多德更多地強化了存在的個體之維。古希臘哲學的這一發展趨向在爾後的西方哲學演進中一再得到了折射：從中世紀的唯名論與唯實論之爭，到近代哲學中的經驗論與唯理論之辯，都在不同意義上內含普遍性原理與個體性原理的某種對峙。相形之下，《老子》以「尊道貴德」溝通普遍性原理與個體性原理，無疑展示了不同的思維路向。

　　作爲道在「有」之中的體現，「德」不僅表現爲內在於事物的具體規定，而且與人的存在相聯繫。在第五十四章中，我們可以看到如下論述：

　　　　修之于身，其德乃眞；修之于家，其德乃余；修之于鄉，

　　　　其德乃長；修之于國，其德乃豐；修之于天下，其德乃普。

這裡的「德」，已不僅僅是本體論意義上的具體規定，它作爲人的品格而具有了德性的意義。正如道內在於物而表現爲對象的現實規定一樣，道體現於人，便展示爲人的具體德性。在此，道似乎構成了德性的形上根據。從形上之道到人的德性，既是道在人之中的具體化，又表現爲道本身超驗性的揚棄：形上的根據顯而爲現實的德性。在後一意義上，由道而德，又可以視爲道的某種自我限制，當《老子》說「失道而後德」時，其中亦多少包含著這一涵義。

　　就德性本身而言，其形態又有高下之分。《老子》常常以赤

子隱喻理想的德性：「含德之厚，比于赤子。」（第五十五章）
赤子亦即智慧未開的嬰兒，它象徵著一種未經人化的自然狀態。
在《老子》看來，完美的德性就在於回歸或保持人的自然狀態，
超越一切有意的人爲，唯有如此，才能眞正達到得道的境界。同
於赤子的這種純厚之德，也就是所謂「上德」，與之相對的則是
「下德」。《老子》曾對這二種不同形態的德性作了比較：「上
德不德，是以有德。下德不失德，是以無德。上德無爲而無以爲，
下德爲之而有以爲。」（第三十八章）上德不德，是指具有完美
德性者並不自居其德而有意爲之，惟其如此，故成其爲德；下德
沒有達到此種境界，往往執著德性並以此標榜，其結果則是純厚
之德的失落。這裡的下德，亦可視爲德性的某種異化，從德性的
角度看，它意味著遠離自然之美，就道與德的關係而言，它則表
現爲對道的偏離。由這一層面而視之，則所謂「失道而後德」，
似乎亦包含著對德性淪落的批評。

　　如前所述，相對於道，「德」更多地展示了個體性的原理，
後者既體現於對物的規定，也表現在道與人的關係之上。從廣義
的存在看，由道而德，展開爲從「無」（無具體規定的未分化形
態）到「有」（獲得具體規定）的過程；就人的「在」而言，由
道而德，則同時伴隨著德性的分化（上德與下德等）過程。《老
子》既肯定了從道到德的進展，又要求不斷向道復歸，確乎表現
了溝通統一性原理與個體性原理的意向。在尊道而貴德的形式下，
一方面，「天網恢恢，疏而不漏」（第七十三章），普遍之道涵
攝一切存在；另一方面，道與萬物的關係又是「生而不有，爲而
不恃，長而不宰」（第五十一章），其中蘊含著對個體的某種開
放性，後者無疑爲存在的多方面分化及存在的多重樣式提供了本
體論的根據。統一性原理與個體性原理的這種交融，在爾後道家

的本體論及價值論中一再以不同方式得到了折射。

三、自然無為：二重內涵

道與德的統一表明，作為存在的終極根據，道並不是一種外在的主宰；毋寧說，它更多地表現為存在的自我統一。循沿這一思路，《老子》進一步提出了「道法自然」說。在前文曾引及的第二十五章中，緊接「域中有四大，而人居其一焉」，《老子》寫道：

> 人法地，地法天，天法道，道法自然。

從本體論上看，所謂「道法自然」，也就是道以自身為原因。《老子》在第四十二章曾說過：「道生一，一生二，二生三，三生萬物。」這裡的「一」，也就是道自身，道生一，猶言道自生或道自我決定。在生成關係這種外在形式之後，是對自因（道以自身為原因）的肯定。《老子》強調「反者道之動」，同樣意味著將變化理解為一個自我運動的過程，其中蘊含著發展原理與自因的統一。

法自然的自因義，主要側重於天道。從人道的角度看，法自然又與人的行為相聯繫。在第五十三章中，我們讀到：「使我介然有知，行於大道，唯施是畏。」從字源學上看，「道」本有道路之意，引申為主體應當遵循的規律等。《老子》在這裡似乎利用了「道」這一詞的雙關性，在行進於大道這一語義之中，同時寄寓了推行、遵循大道之意。後者在第四十一章得到了更明確的表述：「上士聞道，勤而行之。」所謂勤而行之，便是指自覺地推行、遵循道，在此，法自然取得了合於道的形式。

人道意義上的自然，在《老子》哲學中往往又與價值領域相聯繫。在價值觀的層面，自然常常被理解為一種與人化相對的存

在形態，而法自然則相應地具有保持或回歸前文明狀態之意。正是在後一意義上，《老子》對人化過程及與之相關的文化形態提出了種種批評：「大道廢，有仁義。慧智出，有大僞。六親不和，有慈孝。國家昏亂，有忠臣。」（第十八章）從本體論上看，道具有未分化的特點，後者同樣體現於價值領域。作爲人化過程產物的文明形態，往往有善惡之分，誠僞之別；相對於此，與道爲一的自然狀態，則是無分別的：以道觀之，無論是正面的仁義、智慧、孝慈，抑或負面的大僞、六親不和，都是人爲的結果，二者從不同方面表現了對自然的偏離。在這裡，大道已具體化爲自然的原則，而文明社會的規範，則被視爲對自然原則的否定：大道廢，有仁義，便展現了二者的這種緊張關係。

　　人文與大道、文化與自然的如上緊張，使法自然邏輯地導向了對人化過程及其產物（文化）的疏遠，所謂「絕聖棄智，民利百倍；絕仁棄義，民復慈孝；絕巧棄利，盜賊無有」（第十九章），便表明了這一立場。作爲一般的價值取向，這種立場既體現於個體的人生理想，也滲入於普遍的社會模式。在人生理想之域，法自然取得了「見素抱樸」（同上）的形式，就社會模式而言，法自然則意味著回歸小國寡民的社會形態：「小國寡民，使有什佰之器而不用；使民重死而不遠徙，雖有舟輿，無所乘之；雖有甲兵，無所陳之。使人復結繩而用之。甘其食，美其服，安其居，樂其俗。鄰國相望，雞犬之聲相聞，民至老死，不相往來。」（第八十章）什佰之器包括廣義的工具，結繩而用則與文字的運用相對。在自然狀態下，從工具到文字，文化的各種樣式似乎都失去了其存在價值。

　　與自然相輔相成的，是無爲，《老子》所謂「輔萬物之自然而不敢爲」（第六十四章）便肯定了二者的這種聯繫。如前所述，

法自然既以自覺地行道為向度，又意味著向自然狀態的回歸。前者主要從積極的方面——推行並合於道——展示了法自然的內涵，無為則首先從消極的方面——避免反乎道的行為——表現了類似的趨向。在《老子》看來，人為的過程往往會導致消極的社會後果：「天下多忌諱，而民益貧；民多利器，國家滋昏；人多伎巧，奇物滋起；法令滋彰，盜賊多有。」（第五十七章）反之，遵循無為的原則，則能達到國泰民安：「我無為而民自化，我好靜而民自正，我無事而民自富，我無欲而民自樸。」（同上）在這裡，無為與自然是一致的：「功成事遂，百姓皆謂我自然。」（第十七章）

　　從無為的原則出發，《老子》要求對「欲」加以限制，所謂「是以聖人欲不欲」（第六十四章），等等，便表明了此點。這種無欲的主張，在形式上與儒家無疑有類似之處。不過，儒家所理解的欲，首先與感性的欲望相關，而無欲或寡欲也相應地意味著以理性的觀念抑制感性的欲望。這裡內在地蘊含著某種理性優先的原則，在爾後的理欲之辯中，便明顯地表現出這一趨向。較之儒家主要從理欲關係上討論「欲」，《老子》著重將「欲」與有意而為之的人為過程聯繫起來，而「欲」則更多地被理解為一種有所為的意向。無人為之欲與順自然之化往往被視為同一過程的二個方面，也正是在此意義上，《老子》強調：「不欲以靜，天下將自定」（第三十七章），亦即將消除人為的衝動，視為達到自然之境的前提。

　　當然，無為並不是一無所為，《老子》要求「為無為」（第三章，第六十三章），亦意味著將無為本身看作是一種特定的「為」。與法自然的要求相聯繫，以無為的形式表現出來的「為」，首先相對於無視自然之道的人為而言。在第三十七章中，《老子》

對無為之「為」作了更具體的解釋：「道常無為而無不為。侯王若能守之，萬物將自化。」在此，無為之「為」（無不為）與萬物之自化便具有內在的一致性。不難看出，這種無為之「為」的特點，在於利用對象自身的力量而不加干預，以最終達到人的目的。《老子》以政治領域的實踐為例，對此作了說明：「善用人者為之下，是謂不爭之德，是謂用人之力，是謂配天。」（第六十八章）這裡的用人之力不僅僅是指善於選用人材，它的主要涵義在於利用各種政治勢力。高明的當政者並不直接與人相爭，而是善於利用各種政治力量的相互作用，以實現自己的政治意圖。這一意義上的「無為」，同時便表現為一個合乎自然（配天）的過程。用對象之力而不加干預作為無為之「為」的形式，不僅體現於政治領域，而且構成了「為無為」的一般特點。所謂「事善能，動善時」（第八章）便從更廣的意義上展示了以上原則：事、動屬廣義的「為」，而善能、善時都從不同的側面強調了「為」應當合乎自然（配天）。

　　《老子》所說的無為之「為」，在某些方面使人聯想起黑格爾所謂「理性的機巧」。關於理性機巧，黑格爾在《小邏輯》中有過如下論述：

　　　　理性是有機巧的，同時也是有威力的。理性的機巧，一般講來，表現在一種利用工具的活動裡。這種活動一方面讓事物按照它們自己的本性，彼此互相影響，互相削弱，而它自己並不干預其過程，但同時卻正好實現了它自己的目的。（《小邏輯》，商務印書館，1980年，第394頁）

在此，理性的機巧具體展現於人的活動，而這種活動首先又表現為一個合規律性的過程：它讓對象各按自己的本性而相互作用，而不作人為的干預。質言之，一方面，主體在這一過程中並非無

所作爲，相反，整個過程一開始便引向主體的目的；另一方面，主體又並不違背事物的固有本性而橫加干預，這裡蘊含的內在觀念，是合目的性與合規律性的統一。《老子》主張「爲無爲」，並把無爲之「爲」理解爲利用對象的力量以實現自身的目的，這一意義上的「無爲」，無疑近乎理性的機巧。

　　「爲無爲」的原則貫徹於治國實踐，便要求尊重被統治者意願。《老子》在談到聖人與百姓的關係時，曾指出：「聖人常無心，以百姓心爲心。」（第四十九章）與無爲非完全無所作爲相一致，無心也並不是無任何意念；但正如無爲之「爲」並非以人爲干預自然過程一樣，統治者之有心，並不意味著將自身的意志強加於被統治者：在這裡，合乎百姓之心（以百姓心爲心）可以看作是合乎自然的邏輯引申。以此爲前提，《老子》對各種人爲的統治方式提出了批評：「民不畏死，奈何以死畏之？」（第七十四章）「民之飢，以其上食稅之多，是以飢。民之難治，以其上之有爲，是以難治。」（第七十五章）如此等等。這裡顯然包含著一種社會批判的趨向。從中國文化爾後的演進看，道家與儒家確實形成了不同的社會批判傳統，而道家批判傳統的歷史源頭，則可以追溯到《老子》。就其內在特點而言，由《老子》開其端的這種社會批判，既以自然狀態的理想化爲前提，並相應地表現出對文明和文化的某種疏離，又以「爲無爲」爲根據，並多少相應地滲入了尊重民意以及寬容和不干預等觀念。

　　自然無爲的原則在《老子》哲學中不僅展開於社會領域，而且亦體現於天人之際。在第五章中，我們可以看到如下論述：「天地不仁，以萬物爲芻狗；聖人不仁，以百姓爲芻狗。」仁是儒家的核心觀念，建立於其上的儒家仁道原則，要求確認人的價值並以人爲關切的對象，孔子所謂「仁者愛人」，便言簡意賅的表

明了這一點。與之相對,將人與萬物都視爲芻狗,則似乎使人的
價值失去了存在的根據。《老子》的這一看法無疑表現出以自然
原則消解仁道原則的趨向:等觀人與物,意味著人與物在自然這
一層面並無本質的差別,而人的優先性亦相應地不復存在。

　　然而,如果由此而把《老子》哲學理解爲一種反人道的系統,
則往往不免失之偏頗。事實上,如前文所述,人的存在始終是《
老子》哲學沉思的重要對象。在「四大」之說中,人即被規定爲
域中四大之一;正是以此爲出發點,《老子》一再表現出對人的
關懷:「是以聖人常善救人,故無棄人」(第二十七章),並要
求「愛民治國」(第十章),與之相聯繫的是反對戰爭和暴力:
「以道佐人主者,不以兵強天下。」(第三十章)「兵者不祥之
器,非君子之器。」(第三十一章)「夫樂殺人者,則不可以得
志於天下矣。」(同上)在肯定人(救人)與否定人(殺人)的
對峙中,《老子》明確地表明了自己的價值立場。

　　由以上前提反觀人爲芻狗之說,便很難將其列入反人道系列。
從其內在邏輯看,視人爲芻狗,首先是相對於「仁」而言(所謂
「聖人不仁,以人爲芻狗」)。作爲一種價值原則,「仁」既意
味著對人的價值的肯定,亦包含著某種人類中心的觀念,在後來
儒家對仁道的闡發中,便不難看到這一點。以仁道爲原則,儒家
往往強調人超越於天地萬物這一面,這裡無疑滲入了從自然狀態
走向文明形態(自然的人化)的要求,但同時也表現出人「最爲
天下貴」的價值趨向,後者若進一步加以強化,便很容易導向以
人爲萬物中心。相對於此,《老子》在天地不仁、聖人不仁的前
提下視人爲芻狗,似乎將人與物置於相等的地位。不難看出,這
裡的核心觀念是自然的原則:由自然的觀點視之,人並不具有對
於物的優先性。如果說,「仁」的觀念內在地蘊含著人類中心的

價值取向，那麼，以自然原則消解「仁」，則多少意味著對人類中心觀念的疏離。

對天人關係的如上理解，同時亦內含了對天人統一的確認。對《老子》來說，就本然的形態而言，天地萬物與人一開始便是彼此統一的，「道」、「樸」、「玄同」等等，便從不同的角度肯定了這一點。經過由道而德等過程，往往形成了區分，所謂「樸散則爲器」（第二十八章），亦隱喻了這種轉換。但在既分之後，又應向原始的統一回歸，這一過程在《老子》那裡往往被稱爲「歸根」、「復命」：「夫物芸芸，各復歸其根，歸根曰靜，是曰復命，復命曰常，知常曰明。」（第十六章）這裡不僅涉及道與物的關係，而且在廣義上指向天人之際。就後一意義而言，天人之間同樣應當重建統一，所謂「絕仁棄智」、「絕聖棄義」、「見素抱樸」等等，都意味著從「仁義」、「聖智」等人化形態回歸與自然爲一的理想之境。

在合於自然的思維趨向之後，可以看到某種天人合一的觀念。不過，與儒家要求化天性（人的自然之維）爲德性（人的社會之維），亦即在自然的人化的基礎上達到天與人的統一有所不同，《老子》更多地表現出對自然的認同。如果說，在儒家那裡，天與人似乎統一於人化過程，那麼，《老子》則要求天與人合一於自然。這裡既呈現出對文化創造及其成果的不同態度，又交錯著人類中心與自然至上的不同價值取向。《老子》對人化過程和人文價值的批評，當然有其歷史的局限，它將自然狀態加以理想化，亦包含著內在的理論偏向。不過，人道原則的過分突出，也往往潛含天（包括人的天性）與人（包括社會規範）的緊張，《老子》所確認的自然原則對於化解如上緊張、抑制過強的人類中心價值定勢，無疑有不可忽視的意義。

四、為學與為道

自然無為作為一般的原則，不僅僅體現於價值之域；在更廣的意義上，它亦涉及為道的過程。《老子》對為道與為學作了區分：「為學日益，為道日損，損之又損，以致於無為。」（第四十八章）為學是一個經驗領域的求知過程，其對象主要限於現象世界與人化世界；為道則指向本體世界，其目標在於把握統一性原理與發展原理。在《老子》看來，經驗領域中的為學，是一個知識不斷積累（益）的過程，以本體世界為對象的為道，則以解構已有的經驗知識體系（損）為前提，後者構成了無為的另一內涵。

從為道的角度看，無為首先意味著回到事物本身：「以身觀身，以家觀家，以鄉觀鄉，以國觀國，以天下觀天下。」（第五十四章）身、家、國、天下等，可以表現為現象層面的存在，也可以指身之為身、家之為家、天下之為天下的本質規定。與區分呈現於外的現象和現象之後的存在，並進而追尋萬物的統一本源相應，這裡的「身」、「家」等等，主要不是作為外在呈現的現象，而是現象之後的存在；而所謂以身觀身、以天下觀天下，則要求超越外在的呈現，而深入到對象的內在規定──亦即從本體的層面來考察存在。當主體的視域尚停留在現象層面時，他往往自限於為學的過程，唯有從本體的層面切入存在，其思維才具有為道的性質；前者（限定於現象）屬主觀的人為，後者則順乎道而無所為。

可以看到，以身觀身、以天下觀天下旨在回到事物本身，而事物本身又被理解為本體世界。在《老子》的系統中，向本體世界的這種回歸，同時表現為一個「日損」的過程。作為為道的內

在環節，日損所指向的，首先是現象世界。在第五十六章中，我們可以看到如下的論述：

> 塞其兌，閉其門，挫其銳，解其紛，和其光，同其塵，是謂玄同。

「兌」按俞樾之說，當讀爲「穴」，引申爲耳目口鼻等感官；[1] 門則泛指面向外部對象的通道。由感官的門戶所達到的，是現象世界；作爲爲學過程，它所積累的，主要是經驗領域的知識。《老子》要求「塞其兌，閉其門」，意味著關閉通向現象世界的門戶；它從一個側面表明，以身觀身等等並不是從現象的層面把握對象。如果說，回到事物本身（以身觀身等等）的內在意蘊在於復歸本體世界，那麼，塞其兌、閉其門則將懸置經驗領域的知識規定爲達到本體世界的前提：從「塞其兌」到「玄同」，體現的正是這樣一種邏輯的進展。

「塞其兌」主要相對於現象之域而言，與之相聯繫的是「絕聖棄智」：「絕聖棄智，民利百倍；絕仁棄義，民復慈孝。」（第十九章）仁義屬社會的觀念與規範，聖智與仁義並提，主要亦涉及人化世界。如前所述，人化的世界與自然相對，是經過人爲的過程而形成的，聖智作爲人化過程的產物，也具有人爲的性質。惟其人爲而非出於自然，故往往不免導致負面的社會後果，所謂「慧智出，有大僞」（第十八章），便強調了這一點。與人化世界中的聖智相對的，是以知常爲內容的「明」：「知常曰明。」

1　參見俞樾：《諸子評議・老子評議》。又，奚侗《老子集解》注曰：「〈易・說卦〉：『兌爲口』，引申凡有孔竅者皆可云兌。〈淮南・道當訓〉：『王者欲久持之，則塞民于兌』，高（誘）注：『兌，耳目口鼻也，老子曰塞其兌是也』。」

（第十六章）知常亦即把握作爲統一本源的道，而明則是關於道的智慧。較之人化世界中的聖智，道的智慧具有不同的形態：「我愚人之心也哉，沌沌兮。俗人昭昭，我獨昏昏。」（第二十章）此所謂愚，乃大智若愚之愚。世俗的聖智往往長於分辨，昭昭即爲一種明辨形態；道的智慧則注重把握統一的整體，沌沌即爲合而未分之貌。執著於分辨、智巧，僞與惡等等往往亦隨之而產生，達到了道的智慧，則趨向與天地爲一之境。正如塞其兌、閉其門旨在從現象世界回歸本體世界一樣，絕聖棄智意味著從世俗的聖智走向道的智慧，後者既表現了對人化世界的疏離，亦蘊含著超越對待、追求統一的形上意向。

相對於道的智慧，世俗的聖智似乎處於知性思維的層面。知性思維的特點在於分別地從某一方面或某一層面把握對象，而未能進一步再現對象的整體。儘管它不失爲面向存在之思的必要環節，但停留於此，則往往不免明其分殊而昧於統一。爲道的過程力圖超越對分殊的這種執著，回到統一的道。就其關注整體，追尋統一而言，《老子》的爲道確乎有別於昭昭於分殊的知性思維。由此進而反觀《老子》的絕聖棄智之說，便不難看到，其中既滲入了從人化世界回到自然之境的意向，又包含著懸置知性思維的要求。

當然，懸置了世俗的聖智，並不意味著道的境界亦將隨之而至。在既成的視域與道的境界之間，往往存在某種距離，自覺地意識到這一點，是爲道過程的重要方面。《老子》指出：

　　知不知，上。[1] 不知知，病。夫惟病病，是以不病。聖人

1　此句《帛書》甲本作「知不知，尚矣。」

　　不病，以其病病。（第七十一章）

知不知，即自知無知，這裡涉及了知與無知的關係。關於知與無知的關係，先秦的另一些哲學家也已注意到。如孔子即指出：「知之爲知之，不知爲不知，是知也。」（《論語・爲政》）按通常的看法，不知便是缺乏知識，而在孔子看來，對「不知」這種狀態的認識，本身也是一種知。不過，孔子更多地把知與無知的統一視爲求知過程的開端：自知無知構成了「知」的出發點。相形之下，《老子》所謂「知不知」，主要突出了爲學與爲道之間的張力：通過爲學過程而積累經驗知識，並不邏輯地導向對道的認識；後文的「不知知」，從反面進一步強調了這一點：不知知在於忽略了爲學與爲道的區分，將爲學之知等同於爲道之知，以致雖對道無知，卻仍以爲有知。

　　與知和不知相聯繫的，是名與言的問題：「知者不言，言者不知。」（第五十六章）按《老子》的看法，作爲第一原理的道，並不是言說的對象，所謂「道可道，非常道」（第一章）、「道常無名」（第三十二章）、「道隱無名」（第四十一章），便表明了這一點。這裡的名與言，首先涉及經驗領域。就本然的形態而言，道表現爲「無名之樸」（第三十七章），隨著由道而德的分化過程，逐漸形成了經驗的具體對象（「樸散則爲器」，第二十八章），名則由此而產生：「始制有名。」（第三十二章）作爲樸散而爲器的產物，名的作用範圍亦有自身的限制：「名亦既有，夫亦將知止。知止可以不殆。」（同上）名與現象領域之「器」的以上聯繫，決定了它無法把握普遍之道。而從另一方面，「道常無名」也突出了道超越名言的性質。

　　概而言之，塞其兌，表明感官的門戶無法達到道；絕聖棄智，彰顯了世俗的聖智與道的智慧的差異；道常無名，則突出了道與

名言之間的距離。道對現象界、經驗界與名言界的如上超越，決定了爲道的日損之維：所謂日損，便意味著懸置經驗領域的知識、名言系統。

懸置經驗、聖智、名言之後，如何走向道？《老子》提出了靜觀玄覽之說：

> 致虛極，守靜篤，萬物並作，吾以觀復。（第十六章）

就本體論而言，「復」所表示的是向統一本源的回歸，從爲道的角度看，「觀其復」則意味著回到世界本身——本體層面的世界，而這一過程又以虛與靜爲前提。所謂「致虛極」，也就是剔除已有的認識內容，淨化內在的精神世界；守靜篤則表現爲一種靜觀反省，二者的統一，又稱玄覽：「滌除玄覽，能無疵乎？」（第十章）這種以懸置日常經驗和知識名言爲前提的玄覽，顯然帶有直覺活動的特點。

靜觀玄覽是就得道（把握道）的方式而言。廣義的爲道過程不僅涉及道之「得」，而且關乎道之「達」（對道的表達）。從後一方面看，爲道過程又無法割斷與名言的關繫。如前所述，《老子》曾強調了道的超名言性質（「道常無名」），這裡的無名，首先是在「爲道日損」的意義上說的，而其中涉及的名言，則主要與日常經驗相聯繫。除了這種日常經驗意義上的名言系統外，還有另一種語言表達方式，所謂「正言若反」（第七十八章），便肯定了這一點。這是一種以否定的形式表現出來的名言表達方式，《老子》常常以此來概述有關道的智慧：「道常無爲而無不爲」（第三十七章）、「上德不德，是以有德」（第三十八章）、「信言不美，美言不信。善者不辨，辨者不善」（第八十一章）如此等等。如果說，與道相對的日常名言基本上處於知性的層面，那麼，以「正言若反」的形式出現的名言，則似乎帶有辨證的性

質。

　　不難看出，《老子》對為學與為道的辨析，主要圍繞日常的知識經驗與道的智慧而展開。日常的知識經驗所指向的是存在於特定時空中的對象（亦即作為「樸」散產物的「器」），它總是分別地把握具體事物或事物的某一方面、某一層面，並以確定的名言概括認識的內容。道的智慧則指向世界的統一性原理和發展原理，它所要把握的不是存在於特定時空中的一個一個具體對象，而是宇宙萬物的第一因和人生的最高境界，是貫穿於宇宙人生中無不通、無不由的統一原理。質言之，這裡所涉及的，是無條件的、絕對的、無限的東西，它顯然很難僅僅通過經驗知識的積累來達到，因為經驗知識所把握的，始終是有限時空中的對象。從日常知識經驗到道的智慧，本質上表現為一種認識的飛躍，而這種飛躍的實現，往往意味著突破日常的邏輯運演模式，其中亦常常滲入了直覺等思維形式的作用。《老子》強調「為道日損」，要求懸置日常的聖智，並以靜觀玄覽為回歸道本身的方式，似乎亦注意到了從知識到智慧轉換過程的某些特點。

　　與日常知識經驗與道的智慧相聯繫的，是道與名言的關係。名言的自然形態首先存在於日常經驗領域，日常語言是名言的本然形式和原始形態，知識經驗與日常的名言往往亦有較為切近的聯繫，在涉及特定時空中的對象這一點上，二者無疑有一致之處。然而，在把握普遍之道方面，日常名言卻有自身的限度：道作為統一性原理或最一般的存在（being），總是具有超越於特定時空的一面，以特定時空中的具體存在為對象的日常名言，往往難以完全表達道的這種無限性。同時，對統一性原理的把握，並非僅僅以言說為其形式，它總是進而化為主體的境界，並融合於主體的「在」（existence）之中。從這些方面看，道確乎又有超

名言的一面。《老子》認爲道不可言說（道可道，非常道），強調「道常無名」，似乎亦有見於此，它在某種意義上以否定的方式，展示了道與日常名言之間的距離。

當然，日常的知識經驗與道的智慧、道與名言之間固然存在某種張力，但二者亦並非截然相斥。就知識到智慧的飛躍而言，僅僅通過經驗知識的積累誠然難以實現二者的轉換，但如果完全離開知識經驗，飛躍往往便會導向虛幻的思辨或神秘的體悟。對統一性原理的把握，總是既表現爲對日常之思經驗的超越，又以知識經驗爲其出發點並不斷地向其回歸。《老子》將爲學與爲道的過程截然加以分割，顯然未能注意到這一關係，而它由此渲染的靜觀玄覽，也確實帶有某種神秘的意味。同時，宇宙的第一因和人生最高境界誠然有超越日常名言的一面，但亦並非完全隔絕於名言；辯證的概念在拒斥靜態形式的同時，本身也包含著確定性的要求。《老子》由強調道與日常名言的距離，進而突出正言若反的名言形式，雖然對辯證的思維形式開始有所注意，但似乎未能全面地把握道與名言的關係及名言的確定性。

五、回歸本然與守護可能

爲學與爲道的辨析，著重彰顯了道的智慧與經驗知識的差異，而在二者的區分之後，則蘊含著超越現象界的意向。現象界存在於特定的時空關係之中，具有既定的、直接呈現的性質，這種既定性，使現象界同時表現出「在場」（presence）的特點。

在談到聲、色、味等所構成的世界時，《老子》曾指出：「五色令人目盲，五音令人身聾，五味令人口爽。」（第十二章）如前所述，這種聲色世界既與人化過程相聯繫，又是顯現於外的現象之域，相應於此，《老子》的以上批評不僅表現出以自然拒

斥人化的立場，而且亦包含著反對停留和執著於現象之域的意向。現象的呈現與耳目的感知在某種意義上可以看作是同一過程的二個方面，二者都具有在場——當下顯現的性質。《老子》在疏離聲色世界的同時，又要求塞其兌（關上感官的門戶），無疑從雙重意義上表現出超越「在場」的趨向。

從時間形態看，在場作爲一種當下顯現，主要與現時（現在）相聯繫：在場往往意味著對象被定位在現時之中。而對象一旦被定位於現時，便常常容易失去內在的活力而蛻變爲死物。因此，超越在場，同時也就是超越對象在現時中的既成形態。以此爲背景反觀《老子》復歸於道的要求，便不難看到，其中的內在意蘊之一，即是從在場的現時狀態，向作爲出發點的本源回歸。

在《老子》那裡，這種本源也就是道。如前所述，道作爲本源，往往被理解爲「無」；向道復歸，同時亦意味著「復歸于無物」。「無」首先相對於具體的「有」而言，「有」總是有某種規定，是此物者非彼物，「無」則無任何具體規定，惟其無具體規定，故可以如此，亦可以如彼；換言之，它包含著無限的發展可能。這樣，就其爲萬物之源而言，道表現爲一本然的世界，事實上，對《老子》來說，作爲理想狀態的自然，同時也就是本然；就其蘊含了不同的發展向度而言，道又展示爲一可能的世界，質言之，道的非在場性表現爲本然與可能的統一。

就道所蘊含的可能維度而言，從「無」到「有」的衍化（「有生於無」），也可以看作是可能的展開過程。《老子》所謂「樸散則爲器」，便已隱喻了這一關係：樸即本然之道，其中包含著不同的可能，器則是可能在實現之後所取得的具體形態。不過，在《老子》看來，這一過程往往帶有消極的意味，所謂「失道而後德」，亦多少暗示了此點：「德」作爲具體規定，是道所內含

的各種可能的展開和實現，儘管它亦表現了存在的個體之維，但對於道的統一形態（包括本然與可能的統一），卻又似乎破多於立。進而言之，「大道廢，有仁義」。（第十八章）仁義作為具體的規範。也可以視為道的分化，但它一旦出現，卻同時表現為對統一之道的否定。在這裡，可能的展開與存在的「在場」之維似乎被重合為一：道所內含的可能在展開和實現之後，便立即定格為一種「在場」形態。《老子》對分化了的人化世界的批評，在某種意義便以此為其立論的前提。

可能展開的「在場」性，使「在場」的超越與回到原始的可能形態具有了內在的關聯：既然可能一旦展開便分化和定格為一種「在場」形態，那麼，超越「在場」的根本途徑便是返歸原始的可能。由此反觀《老子》的「見素抱樸」（第十九章）說，便不難發現，其中亦包含著某種本體論的意義：守護道所內含的可能。按《老子》之見，如果不能守住原始的可能而任其展開，往往便會導致事物的衰亡：「物壯則老，謂之不道，不道早已。」（第三十章）壯象徵著可能的完成形態，而事物的完成同時也意味著走向終結，在《老子》看來這是一個悖乎道（不道）的過程。與之相對，合於道就在於保持事物的未完成形態──可能形態。

返歸與守護原始的可能當然並不僅僅體現於物，這一原則同樣與人自身的存在相聯繫。從「物壯則老，謂之不道」的前提出發，《老子》一再將嬰兒視為人的理想狀態：

> 專氣致柔，能嬰兒乎？（第十章）

> 知其雄，守其雌，為天下溪。為天下溪，常德不離，復歸
> 于嬰兒。（第二十八章）

相對於人的成熟形態，嬰兒更多地表現為一種可能的存在：作為人之初，它蘊含了人在以後的全部發展可能。然而，在《老子》

看來，可能一旦展開，人便總是被限定於某種既成的「在場」形態，並同化於外在的特定文化模式，逐漸由壯而老，失去其內在生命力。《老子》要求復歸於嬰兒，無疑流露出對自然狀態的嚮往，而其更內在的意向則是保持存在的可能形態、避免「在場」的歸宿。

　　《老子》對可能之維的關注，很容易使人聯想到海德格爾的某些看法。海德格爾對存在考察的引人矚目之處，首先在於將時間視為存在的基本規定，海德格爾明確指出：「一切存在論問題的中心提法都植根於正確看出的和解說了的時間現象以及如何植根於這種時間現象。」（《存在與時間》），三聯書店，1987，第24頁）而在時間的諸維中，將來又具有優先的地位：「源始而本真的時間性的首要現象是將來。」（同上，第390頁）就時間與存在的關係而言，將來往往與存在的可能之維相聯繫：可能的展開總是指向將來。這樣，肯定將來在時間中的優先地位，便意味著突出可能性在人的存在中的意義，在海德格爾的如下斷論中，便不難看到這一點：「此在總作為可能性來存在。」（同上，第53頁）就其反對執著於既定的「有」或「存在者」，並將存在的可能形態視為本然的形態而言，海德格爾與《老子》似乎不無相通之處。

　　不過，稍加分析便不難注意到，二者對可能的理解又存在著重要的差異。如前所述，《老子》要求從「有」復歸於「無」、從人化的存在復歸於嬰兒狀態，就存在的內涵而言，「無」、嬰兒意味著具體規定但又包含各種可能向度；就時間之維而言，這種復歸具體表現為從現時向過去的回溯。這樣，在《老子》那裡，可能似乎主要與過去相聯繫。相形之下，海德格爾更多地將可能這種存在形態與將來聯繫起來，並著重突出了可能向將來敞開這

一面：「只有當此在是將來的，它才能本眞地曾在。曾在以某種方式源自將來。」（《存在與世間》第386頁）儘管海德格爾反對把將來僅僅理解爲一種尙未來到之在，但它確實又不同於向過去的回溯。

由肯定可能的將來維度，海德格爾進而將籌劃引入了存在。作爲可能的存在，人不同於既成的、被規定的對象，而具有未定的性質，可能的展開與超越未定形態是同一過程的二個方面。按海德格爾的看法，人一旦被拋擲到世間，便面向著未來，他必須爲自己籌劃，並通過籌劃以塑造自己的未來：「此在是委托給自己的可能之在。」「此在作爲此在一向已經對自己有所籌劃。只要此在存在，它就籌劃著。」（《存在與世間》第176頁、第177頁）這種籌劃內在地關聯著選擇與實現可能的過程，它使可能的「在」成爲現實的「在」，而這種選擇籌劃又貫穿於此在的整個展開過程：「籌劃始終關涉到在世的整個展開狀態。」（同上，第178頁）

較之《老子》對可能狀態的守護，海德格爾無疑更注重可能的實現過程；前者對應於回溯過去這一時間向度，後者則構成了向將來敞開的具體內容：正是在世過程的籌劃活動，使「此在在生存論上向來所是的那種可能之在，有別於空洞的邏輯上的可能性。」（同上第175頁）可以看到，在時間的不同側重（回歸過去與敞開將來）之後，是對可能的二種態度。海德格爾以選擇、籌劃等方式展開此在內含的可能，既表現了近代哲學家的自信，也在哲學的層面上展示了存在的可能之維與存在的歷史性之間的現實聯繫。

與海德格爾將可能理解爲存在的出發點有所不同，《老子》似乎多少把可能本身視爲存在的某種終極形態。這種看法在邏輯

上與其無爲的立場彼此一致，事實上，在《老子》那裡，向「無」等可能形態的復歸，與無爲意義上的靜，常常聯繫在一起，所謂「歸根曰靜」（第十六章），便表明了這一點。然而，從更內在的層面看，《老子》對可能的執著與守護，同時還具有另一重意義。與存在相聯繫的可能，並不僅僅是一種邏輯上的無矛盾狀態，它總是有其現實之源，並構成了發展的內在根據；離開植根於現實的可能，存在便缺乏自性，發展亦將僅僅成爲外在的變遷。就此而言，《老子》要求保持與守護以「無」、嬰兒狀態等形式表現出來的可能，顯然又意味著注重存在與發展的內在根據：守護可能，同時也就是守護存在的根據。也正是在同一意義上，《老子》一再強調「深根固柢」（第五十九章），並以此爲達到存在恆久性的必由之道。

從超越「在場」（存在的既定性），到守護可能，《老子》將存在的考察與時間之維聯繫起來，展示了對存在、時間、可能以及發展根據等問題的獨特視域，儘管其中內含了多重理論限度，但它對存在的切入，無疑又達到了一個較深的層面。

儒學的形上之維

　　作爲傳統的觀念體系，儒學可以爲我們提供什麼？當代新儒家有著名的「內聖開出外王」之說，所謂「外王」，似不外乎科學與民主。這一論點意味著傳統儒學能夠爲現代的科技文化提供資源，從中不難看到一種樂觀的信念，即傳統儒學能夠轉換出現代的科學和民主；在所謂「良知坎陷」說中，這一確信以更思辨的形式得到了表述。新儒家以此回應對儒學的種種批評，其良苦的用心無疑可以理解，但「開出外王」、「良知坎堷」的思維進路，則很難認爲已經把握了儒學的眞正內蘊。要對儒學作較適當的歷史定位，似乎應當超越對科技文化的外在迎合，從一個更形而上的層面加以切入。

一

　　觀念形態的文化系統總是以價值觀爲其內核。作爲中國文化的主流，儒學的深層意蘊同樣體現於價值觀。正是價值觀，展示了儒家的理想之境，內含了其評價準則，凸現了其歷史特徵，並作爲穩定的思維定勢、趨向，制約著儒家文化的演進過程。

　　從價值體系看，儒學固然包含多重向度，但其中又存在具有主導意義的基本原則，後者突出地體現於仁道的觀念之中。早在先秦，儒學的開創者孔子已提出了仁的學說，並以「愛人」界定仁。孟子進而將性善說（人皆有「不忍人之心」）與仁政主張聯繫起來，從內在的心理情感與外在的社會關係上展開了孔子所奠

定的仁道觀念。在漢儒的「先之以博愛，教之以仁也」（董仲舒：《春秋繁露‧爲人者天》）、宋儒的「民吾同胞，物吾與也」（張載：《西銘》）等看法中，仁道的原則得到了更具體的闡發。

　　相對於儒家對仁道的注重，西方哲學家似乎較多地考察了正義的原則。柏拉圖在《理想國》已將正義列爲中心的論題。按柏拉圖的觀點，就內在的德性而言，正義在於理性、情感、意志諸方面之間的合理定位；就外在的原則而言，正義則意味著「幹自己的事」而不彼此越位，這裡既包含社會不應干預個人的要求，又有個體之間應各行其事而不彼此干預之意。亞里士多德進而將正義理解爲每一個體都能得其應得。從正面看，得其應得也就是實現個體所具有的權利，其內核是對權利的普遍尊重和確認。這種原則體現於主體間關係，既表現爲主體對自身權利的肯定，又展開爲交往雙方對彼此權利的相互尊重。正義原則總是涉及利益的公正分配，並相應地關聯著現實的福祉。從柏拉圖、亞里士多德到羅爾斯，西方哲學始終極爲注重正義的原則。這種原則對建立合理的主體間關係確實不可或缺。在某種意義上可以說，沒有正義原則就難以建立健全的社會。

　　不過，正義原則所體現的合理性更多地帶有形式化的特點，它固然似乎公正不偏，但又是無人格的、冷峻的。較之正義原則，仁道體現的是一種不同的價值趨向。仁道的基本精神在於尊重和確認每一主體的內在價值，它既肯定主體自我實現的意願，又要求主體間眞誠地承認彼此的存在意義。孔子以愛人規定仁，孟子以惻隱之心爲仁之端，等等，無不表現了對主體內在價值的注重。這裡不僅蘊含著人是目的的理性前提，而且滲入了主體間的情感認同。現代化的過程誠然離不開正義的原則，但僅僅關注於對彼此權利的尊重，則往往很難避免主體間的緊張和存在意義的失落：

當主體間只是一種權利關係時，人便片面地呈現為一種法理意義上的存在，而人是目的這一規定亦常常因之而模糊，西方現代化過程所出現的種種負面後果，已在這方面對人們作了深刻的警示。在重建合理性、走向健全社會形態的過程中，儒家仁道原則無疑構成了重要的精神資源：它可以從價值觀的層面，提示我們時時以人本身為目的，並進而實現人的存在意義。總之，合理的現代社會應當建立在正義原則與仁道原則的統一之上。

仁道的原則既要求主體關注自身的存在意義，又要求通過主體間存在價值的相互確認而走出自我、打通人己；因此，它總是邏輯地指向群己關係。以肯定人的內在價值為前提，儒家注重成己與成人的統一。成己意味著達到完美的人格，它所追求的，是人的自我實現；成人則蘊含著群體的關懷，它所體現的，是個體對社會的責任意識。孔子提出「修己以安人」（《論語·憲問》），已把自我的完善與群體的關懷理解為一個相互聯繫的過程，而在二者的這種統一中，社會的認同與普遍的責任意識又具有某種優先的意義。事實上，仁道原則與群體原則的統一確乎構成了儒家價值體系的重要特點。相對於儒家的這種價值取向，西方哲學家似乎更注重正義原則和個體原則的統一。柏拉圖的《理想國》已明確表述了如下觀念點：「正義就是有自己的東西，幹自己的事情。」（《理想國》，商務印書館，1986，第155頁）而對個體權利的尊重，同時亦內含著對個體原則的肯定。在近代以降的西方文化演進中，個體原則得到了進一步的提升，它對走向現代的歷史進程無疑產生了不可忽視的作用。然而，個體原則如果推向極端，亦往往容易形成自我中心等思維定勢，並由此引向個體之間的對抗。在這方面，儒家的有關思考多少可以給我們以啟示：它所強調的群體原則誠然有其歷史的局限，但仁道原則與群體原

則相統一的思維取向，在經過轉換以後，無疑有助於抑制現代過程中自我中心等負面的後果。

在儒家的價值系統中，仁道原則同時涉及天人之辯。對儒家來說，人的價值，首先是相對於自然的存在而言。荀子已明確指出了此點：「水火有氣而無生，草木有生而無知，禽獸有知而無義。人有氣、有生、有知，亦且有義，故最為天下貴也。」（《荀子·王制》）水火、草木、禽獸都屬於自然的對象，人則是文明化的存在，對自然的超越（走向文明），在此構成了確認人之為貴的前提。不過，超越自然，並不意味著天與人的相分。儒家在肯定人文價值的同時，亦注意到了人與自然的聯繫。孔子已提出了「則天」的主張：「唯天為大，唯堯則之。」（《論語·泰伯》）則天意味著對自然之道的尊重。孔子曾讓門人各言其志，曾點對曰：「莫春者，春服既成。冠者五、六人，童子六、七人，浴乎沂，風乎舞雩，咏而歸。」孔子喟然嘆曰：「吾與點也！」（《論語·先進》）曾點所追求的，是一種天人相融的境界，孔子對曾點之志的讚賞（吾與點也），亦體現了對這種自然之境的肯定。[1] 則天的主張與自然之境相結合，體現的是一種自然原則。從這方面看，早期儒學已表現出統一仁道原則與自然原則的趨向，所謂天人合一，亦同時包含著對仁道與自然的雙重確認。也正是在這方面，展示了儒家仁道原則與近代人道原則的不同特點：與人道原則多少蘊含著某種人類中心的取向相異，仁道原則在肯定人的內在價值的同時，亦要求揚棄天與人的對峙，所謂「仁者與天地萬物為一體」，便表明了這一點。

1　參閱拙著：《善的歷程——儒家價值體系及其現代轉換》第一章。上海人民出版社，1994。

　　與儒家的如上價值趨向有所不同，在西方的文化傳統中，我們看到的往往是對功利原則的關注。柏拉圖在《理想國》中固然以正義爲主要論題，但對正義的考察同時又始終圍繞正義與利益的關係而展開：它所追問的，常常是「正義與非正義究竟何者更爲有利」這一類的問題。在這裡，正義的原則似乎與功利的原則融合在一起。對功利的這種關注在近代及現代得到了進一步的認同，羅爾斯的《正義論》即把利益的公正分配提到了突出的地位。就天人關係而言，功利原則誠然可以成爲征服自然的槓桿，但僅僅以功利的態度對待自然，亦往往容易導致人與自然關係的失衡，現代化過程中出現的環境問題、生態危機等等，已尖銳地表明了這一點。以此爲背景反觀儒家溝通仁道原則與自然原則的理論進路，顯然有助於進一步理解其在現代的意義：它所蘊含的統一天人的價值向度，無疑有助於化解人與自然之間的緊張。

二

　　價值原則主要從文化發展的導向上展示了儒學的內涵。儒學當然並不僅僅限於提供一套規範系統，事實上，在價值向度的深層，同時亦蘊含著形而上的關懷；所謂「究天人之際，通古今之變」，便從一個方面表現了對形而上之道的追問。

　　形而上之道作爲存在的終極根據，總是具有超越於人的一面。然而，按儒家的看法，對道的把握，並不是一個離開人自身存在的玄思過程。孔子的學生曾感嘆，「夫子之言性與天道，不可得而聞也。」（《論語·公冶長》）孔子之罕言天道，當然並非缺乏形而上的關懷，它所表明的毋寧是，對孔子來說，天道並不僅僅是一種言說和思辨的對象，它惟有在人自身的存在過程中才能切入與領悟。孔子曾把「好學」解說爲「敏于事而愼于言」（《

論語・學而》）所謂事，也就是人的日用常行，學則包括對性與
天道的把握過程。在這裡，爲學主要不是表現爲言語的辨析，而
是在日用常行中體認形而上之道。

　　孔子的以上思路在《中庸》中得到了更具體的體現。人與道
的關係，是《中庸》所關注的中心問題之一，而其立論的基點，
則是道非超然於人：「道不遠人。人之爲道而遠人，不可以爲道。」
道並不是與人隔絕的存在，離開了人的爲道過程，道只是抽象思
辨的對象，難以呈現其眞切實在性。而所謂爲道（追尋道），則
具體展開於日常的庸言庸行：「君子之道，造端乎夫婦；極其至
也，察乎天地。」道固然具有普遍性的品格，但它惟有在人的在
世過程中才能揚棄其超越性，並向人敞開。正是在此意義上，《
中庸》強調「極高明而道中庸」。中即無過無不及，「庸，平常
也」（朱熹：《中庸章句》）。極高明意味著走向普遍之道，道
中庸則表明這一過程即完成於人在生活世界中的日用常行。

　　日用即道，儒家的這一觀念同樣體現於對存在的形上沉思。
哲學之思總是難以迴避廣義的存在問題，在存在的考察上，儒學
的系統中固然亦有超驗的進路，但從總體上看，儒家更傾向於對
存在的非超驗把握。孔子要求由「事」（人的活動）而切入道，
孟子肯定「盡其心者，知其性也；知其性，則知天矣」，都旨在
溝通人自身的存在與形而上的存在。這一思路在宋明時期的新儒
學中得到了更進一步的認同。按新儒學的理解，人所面對的世界，
與人自身的存在有不可分離的關係：「人的良知，就是草木瓦石
的良知。若草木瓦石無人的良知，不可以爲草木瓦石矣。豈唯草
木瓦石爲然，天地無人的良知，亦不可爲天地矣。」（王陽明：
《傳習錄下》）這裡主要不是在實存的意義上強調外部對象依存
於人，而是著重指出草木瓦石的意義總是相對於人而言。天地、

草木、瓦石本是自在的，作爲自在之物，它們本處於原始的混沌之中，亦無所謂天地之分、草木之別。天地作爲「天地」，草木作爲「草木」，其意義只是對人才敞開；就此而言，無人的良知（主體意識及其活動），便無天地、草木、瓦石（即這些對象不再以「天地」、「草木」等形式呈現出來）。這樣，依新儒學，人便不能在自身的存在之外去追問超驗的對象，而只能聯繫人的存在來澄明世界的意義；換言之，人應當在自身的存在與世界的關係中，而不是在這種關係之外來考察世界。所謂「不離日用常行間，直造先天未畫前」（王陽明），便可以視爲對這一思路的概括。

作爲哲學最一般的對象，存在首先是指本體論意義上的「有」（being）。人往往不滿足於認知特殊時空中的具體對象，他總是要求在終極的層面把握存在，後者所指向的，也就是世界的統一性原理和發展原理；作爲形而上追問的所謂「究天人之際，通古今之變」，亦從一個方面表現了對統一性原理與發展原理的關注。

然而，對存在的追問，並非僅僅是一種思辨探尋。存在的澄明總是與人自身的「在」聯繫在一起。相對於本體論意義上的「有」（being），人自身的「在」更多地展開於人的生存過程：它在本質上表現爲一種生活世界和歷史實踐中的「在」（existence）。離開人自身的「在」，存在（being）只具有本然或自在的性質；正是人自身的「在」，使存在向人敞開。當然，人自身的「在」，也並非處於存在之外，它總是同時具有某種本體論的意義。這樣，人一方面在自身的「在」（existence）中切入存在（being），同時又在把握存在的過程中，進一步從本體論的層面領悟自身的「在」。

　　在西方哲學史上，康德曾認為，人類理性所試圖解決的問題
包括以下幾個方面：我可以知道什麼？我應當做什麼？我可以期
望什麼？他的《純粹理性批判》所要解決的，是第一個問題。通
過對理性能力的考察，康德規定了人的認識的界限，不過，這種
規定，並不僅僅著眼於認識論，它的深層意蘊乃是指向存在：所
謂知性無法把握物自體，意味著存在的統一性原理處於知性能力
之外。從追問存在的角度看，理性能力的這種批判，只是走向形
而上學的一種準備，其作用是限制性的，正是在此意義上，康德
把《純粹理性批判》視為科學形而上學的導論。康德的第二批判
（《實踐理性批判》）所要回答的主要是「我應當做什麼」這一
問題。相對於統一性原理的追問，「如何做」更多地表現為人自
身的「在」，康德在某種意義上正是在對人自身的這種「在」的
考察中，展開其所謂科學的形而上學。康德哲學的如上思路，無
疑已注意到本體論上的存在（being）與人自身的「在」（exist-
ence）之間的聯繫。這一思路在後來的海德格爾那裡得到了更進
一步的折射：從人自身的「在」切入存在，構成了海德格爾基礎
本體論的基本特徵。

　　儒家日用即道的哲學路向，同樣從一個獨特的角度體現了存
在與「在」的這種統一。以仁道原則而言，仁道既是人「在」世
的原則，又往往被理解為天地萬物的統一原理，宋儒所謂「仁者
與天地萬物為一體」，便以天人之辨的形式強調了這一點。可以
看到，在人「在」世的日用常行和歷史實踐中探求終極的存在，
又在終極存在的沉思中深化對「在」世過程的理解，存在與「在」
的這種雙重追問，構成了儒家在哲學上的內在之維。這種思維傳
統既沒有放棄「極高明」等終極意義的哲學沉思，又避免了超驗
的思辨構造，它對於重建形上哲學，無疑可以提供某種思想史的

借鑑。

三

在儒學的系統中，極高明不僅僅是對存在的終極追問，它同時亦表現爲一種人生的境界。事實上，本體世界與人自身存在的統一，使存在的探求總是不斷引向新的境界。孔子要求「志於道」，其中已蘊含著對理想的人生之境的追求。在仁道這一總的原則下，孔子從人格的角度，對理想的人生之境作了多方面的規定：它既有仁愛的情感向度，又凝含堅定、自主的意志，而二者又與自覺的理性相融合；從而，完美的人生境界既涵蓋於人道精神之下，又表現爲知情意和眞善美的統一。

對境界的這種追求，在《中庸》中得到了進一步的體現。與極高明的理想相聯繫。《中庸》提出了「誠」的要求：「唯天下至誠，爲能盡其性；能盡其性，則能盡人之性；能盡人之性，則能盡物之性；能盡物之性，則可以贊天地之化育；可以贊天地之化育，則可以與天地參矣。」由盡己之性而盡人之性，並進而達到物之性，這是一個在自身的「在」中澄明外部世界的過程，但它同時又表現爲境界的提升：所謂與天地參，展示的即是一種物我無對、天人一體的境界。後者在《中庸》的如下論述中表述得更爲明確：「誠者非自成己而已也，所以成物也。成己，仁也；成物，知也。性之德也，合內外之道也。」這種成己成物、內外合一的境界，可以看作是極高明而道中庸的具體展開，而它的內在特徵，則是仁道原則（仁）與理性原則（知）的統一。

作爲儒學的歷史展開，宋明時期的新儒學同樣沒有離開對境界的這種關注。新儒學固然表現出某種本體論的興趣，但其本體論往往又邏輯地關聯著境界說。在這方面，王陽明的心物關係論

似乎頗具典型意義。對王陽明來說，存在與境界本質上是統一的，就本體論而言，意義世界中的存在離不開意向活動（意之所在便是物）；從境界的角度看，內外合一，心物無間，總起來即是：「本體原無內外」（《傳習錄下》）。這是一種自我精神的提升。在這種境界中，主體與主體（人己）、自我與對象（物我）之間不再呈現為相互對峙的二重序列，主體似乎內不覺其一身，外不察乎宇宙，小我與大我融而為一體。

從理論的層面看，境界既蘊含了對存在的理解，又凝結著人對自身生存價值的確認，並寄托著人的「在」世理想。與存在與「在」的探尋相聯繫，境界表現了對世界與人自身的一種精神的把握，這種把握既以理性的體認為其形式，又以實踐精神的方式展開。在求真、向善、趨美的過程中，境界展示了所達到和理解的世界圖景，這種圖景滲入了理性的觀照，同時又表現了對意義的追求。在儒家的境界說中，我們確實可以看到其中滲入的內在理性精神，而這種理性向度又與建構意義世界的努力相互交融：事實上，當孔子以仁和知規定理想之境時，儒學的這一傳統便已開其端。

與儒家在境界的追求中執著於理性原則與意義世界形成某種對照，在近代以來的思想演進中，我們常常可以注意到對理性的種種反叛。從哲學到廣義的文化領域，在反本質主義、解構邏各斯中心、告別現代性等旗幟下，非理性之維受到了越來越多的關注，理性的貶抑和批判似乎已浸浸然成為一種時代思潮。與之相隨的是意義世界的失落。這種失落首先展現為意義的迷失、價值的危機，以及各種形式的虛無感、荒誕感等等，從「上帝死了」（尼采），到「人死了」（弗洛姆），都從不同的側面突現了這一向度。意義失落的更內在之維，則以意義本身的消解為內容。

在後結構主義或解構主義那裏，這一趨向取得了典型的形式。解構哲學以不確定性爲關注的目標：拆解現存的結構，放棄邏輯的整合，拒絕任何確定的解釋，簡言之，不斷地超越給定的視域（horizon），否定已達到的意義，但又永遠不承諾新的意義世界。德里達以延異（differance）概念，集中表達了如上意向。延異的含義之一是差異，它意味著本文與作者的意圖之間有一個意義空間，作者所寫的內容已不限於其本來意圖，因此，理解應超越、突破原來的結構，揭示本文中超出作者所賦予的意義；延異的另一含義是推遲（推延），即意義的呈現總是被推延（本文之意不限於作者寫作時所賦予者，其意義乃是在爾後不斷擴展），因此對本文的理解應不斷超出、否定現在的解釋。[1]總之，解構強調的是理解過程的不確定性，而由此它亦在相當程度封閉了走向意義世界的道路。這種看法帶有明顯的相對主義乃至虛無主義傾向，它從一個方面表現了所謂後現代主義的理論特徵。

　　相對於後現代主義蔑視理性、消解意義世界的進路，儒家境界說體現的理性取向和意義追求，似乎展示了更爲健全的精神維度。儘管其理性原則與意義世界本身亦存在理論和歷史的局限，但在理性與意義面臨挑戰的今天，它對於合理性的重建與意義世界的維護，無疑具有警醒作用。

　　可以看到，作爲觀念形態的文化系統，儒學的歷史價值不在於通過自身的坎陷而開出科學等「外王」。以現代化過程中哲學、文化的發展爲背景，我們應當注意的是儒家以仁道爲核心的價值

1　參見J. Derrida: Differance, in Margins of Philosophy, The Harrerester press, 1982.

體系、以日用即道爲進路的形上向度、以理性精神和意義世界爲
內容的境界追求。仁道原則可以時時告誡我們在走向現代的過程
中始終關注人的內在存在價值，並在主體間交往與天人的互動中
抑制過度的功利衝動；在日用常行中追問終極之道的形上進路，
爲存在與「在」的統一提供了一種傳統的思維模式，它可以提醒
我們在存在的終極關切中避免超驗的玄思；人格境界所展示的理
性精神與意義關懷，則可以不斷引發我們致力於理性尊嚴的維護
與意義世界的守護。正是在這些方面，儒學蘊含了其內在的生命
力。

思與在：澄明存在的多重方式

　　隨著哲學之思的展開，中國古典哲學對如何澄明存在的探索也逐漸走向深入。與《老子》主要關注爲道過程有所不同，另一些哲學家通過總結科學活動、教育過程、政治實踐，以及反省思維過程，從更廣的層面考察了如何敞開存在的問題，其中既關乎爲道過程，亦涉及爲學過程。古典哲學中的這種方法論思想儘管還呈現樸素的形態，但其中蘊含的哲學智慧，卻仍有引人回溯的理論魅力。

一

　　如何按事物的本來狀態把握事物，是傳統哲學關注的基本問題之一。早在哲學思維的萌發時期，「仰則觀象于天，俯則觀法于地」已被視爲把握對象的方式，而它所指向的目標，則是「類萬物之情」（揭示萬物的眞實狀況）[1]。隨著哲學思維的發展，觀物取象，以類萬物之情的樸素觀念，逐漸提升爲解蔽等方法論原則。

　　作爲方法論原則，解蔽首先表現爲破除主觀片面性。孔子已提出了「四毋」的要求，其具體內容包括：「毋意，毋必，毋固，毋我。」（《論語・子罕》）毋意即不要憑空臆想，毋必和毋固

1　參見《周易・繫辭上》。

是指不要強加於人和固執己見，毋我則是不要自以爲是，這裡的核心思想是反對主觀獨斷。《管子》一書的作者主張「潔其宮，開其門，去私毋言」，體現的也是類似的要求，即排除主觀的好惡偏見，不強物就我。莊子曾批評一曲之士：「曲士不可以語于道者，束于教也。」（《莊子·秋水》）曲士的特點在於執著於一偏之見，以片面的觀點看問題，這種思維定勢構成了主觀的「成心」，而「隨其成心而師之」的結果，則是遠離客觀之道。

主觀片面性（蔽）是如何形成的？莊子以「束于教」解釋曲士不可語道的原因，已試圖對此作出回答。荀子在這方面作了更深入的分析：「欲爲蔽，惡爲蔽；始爲蔽，終爲蔽；遠爲蔽，近爲蔽；博爲蔽，淺爲蔽；古爲蔽，今爲蔽。凡萬物異則莫不爲蔽，此心術之公患也。」（《荀子·解蔽》）這裡所說的心術即思想方法。就客觀對象而言，事物總是存在始與終、遠與近、古與今等差異，如果只見一面而看不到另一面，便容易形成片面性（蔽）；另一方面，主體往往有好、惡等傾向，對自己積累的知識經驗，不免有所偏愛，從而「私其所積，唯恐聞其惡也；倚其所私以觀異術，唯恐聞其美也」（同上），即對自己所贊同的論點，唯恐聽到有人批評；對不同於自己的看法，則唯恐別人肯定和讚美，這樣也容易產生主觀片面性。對心術之「蔽」形成根源的以上二重分析，旨在從方法論的角度強調解蔽的必要性。

破除主觀片面性，主要就消極的方面而言，從積極的方面看，解蔽的要求則具體化爲靜因之道。靜即虛靜：「心何以知？曰：壹虛而靜。」（《荀子·解蔽》）虛靜即保持心靈的清明專一，避免成見及情欲等對思維的干擾。關於「因」，《管子》有如下解釋：「因也者，捨己而以物爲法也。感而後應，非所設也；緣理而動，非所取也。」（《管子·心術上》）捨己是排除主觀成

見，以物爲法，則是從客觀對象本身出發。與先物行先理動的前識相對，以物爲法的靜因之道要求根據對象及其內在規律作出判定，並進而行動（感而後應，緣理而動）。這種靜因之道，在中國哲學的而後演進中一再得到了認同，韓非之倡導「因天之道，反形之理」，「虛以靜後，未嘗用己」（《韓非子·揚權》）、王充之強調「凡天下之事，不可增損」（《論衡·語增》）、嵇康之主張「觀物于微，觸類而長，不以己爲度」（《嵇康集·答釋難宅無吉凶攝生論》）、朱熹之要求「以物觀物，不可先立己見」（《朱子語類》卷十一）等等，都認不同角度展示了這一點。

以物爲法，體現的主要是客觀性原則。與反對片面性相應，解蔽的另一要求指向全面性。荀子在分析了「蔽」（片面性）產生的根源後，便進而指出：「聖人知心術之患，見蔽塞之禍，故無欲、無惡、無始、無終、無近、無遠，無博、無淺，無古、無今。兼陳萬物而中懸衡焉，是故眾異不得相蔽以亂其倫也。」（《荀子·解蔽》）無始、無終，無近、無遠，等等，也就是不僅僅局限於對象的某一方面，而是兼察其不同的規定，從而達到對事物的全面把握。王充認爲對天下之事要「考察前後」（《論衡·語增》），體現的是同樣的原則。

對傳統哲學來說，遍爲考察並不僅限於把握同一事物的各個方面；廣而言之，要把握普遍之理，還應廣泛地考察不同的對象。葉適指出：「觀眾器者爲良匠，觀眾方者爲良醫。盡觀而後爲之，故無泥古之失，而有合道之功。」（《法度總論一》，《水心別集》卷十二）在這裡，葉適將「合道」與「盡觀」聯繫起來，而認識的全面性（盡觀），則被視爲在實踐活動中合乎規律（合道）的前提。技藝的提升是如此，義理的辯析也不例外：「夫欲折衷天下之義理，必盡考詳天下之事物而後不謬。」（葉適：《題姚

令威西溪集》，《水心文集》卷二十九）質言之，要對不同觀點作出合適的定位，便必須詳盡地考察所涉及的對象，以辯其曲折是非。

　　相對於天下之物，個人的所見所聞總是有限的，因此，要眞正達到考察的全面性，便不能囿於一己之見聞。《管子》的作者已注意到了這一點：「夫民別而聽之則愚，合而聽之則聖。」（《管子‧封臣》）從方法論上看，合而聽之也就是利用他人的認識，以克服個人認識的有限性。一旦把個人的認識與衆人的認識結合起來，那就可以拓展視域：「以天下之目視，則無不見；以天下之耳聽，則無不聞；以天下之心慮，則無不知也。」（《管子‧九守》）不難看到，這裡已涉及認識論上的群己關係，並在某種程度是把全面的考察與認識的社會性聯繫起來。

　　盡觀遍考、合而聽之主要從廣度上展開了全面性的要求。作爲一種方法論原則，全面性並不僅僅表現爲數量關係上的多。如果光是枚舉一些事例，即使羅列了很多，也很難避免「偏舉一隅」（戴震：《毛鄭詩考證》卷二）。有見於此，傳統哲學在強調博考的同時，又要求貫本末：「凡學未至貫本末、徹精粗，徒以意衡量，就令載籍極博，猶所謂思而不學則殆也。」（戴震：《與任孝廉幼植書》）從方法論的角度看，「末」大致可歸入現象的層面，「本」則屬於本質的規定。所謂貫本末、徹精粗，也就是把現象的考察與揭示事物的本質規定聯繫起來，在廣泛考察的同時，著重把握體現事物本質的事實。與之相對的「以意衡量」，則是一種類似前識的主觀的臆度。傳統哲學以貫本末、徹精粗反對以意衡量，避免了將廣泛的考察等同於隨意地挑選實例，它使全面性要求獲得了更深刻的內涵。

　　當然，強調觀察的客觀性，並不意味著完全撇開已有的知識

經驗，事實上，作爲認識環節之一的觀察，總是以一定歷史時期形成的理論爲背景，並受其制約，而要眞正把握反映事物本質聯繫的事實，也不能離開這種知識背景。在要求「捨己而以物爲法」時，傳統哲學中的某些學派和人物似乎較多地關注於拒斥「成心」，而對已有知識經驗在認識中的積極作用，則有所忽視。

二

通過廣泛的考察而獲得反映事物本質聯繫的事實材料，只是把握對象的起點；博考盡觀之後，還必須繼之以理性的整理過程，後者首先便涉及歸納獄Pt繹。傳統哲學雖然沒有使用「歸納」、「演繹」等術語，但對與之相關的方法論原則，卻很早就有所注意。《周易》提出「引而伸之，觸類而長之」（《易傳·繫辭上》），已突出了推類的方法論思想，其中既包含從特殊事實到普遍結論的提升，又包含由一般結論到個別對象的推論。

孔子在總結其教學經驗時曾指出：「舉一隅不以三隅反，則不復也。」（《論語·述而》）意思是，學習的過程，要善於由已知的一個方面，推知相同類型的其他方面。這裡不僅涉及到類比的方法，而且也兼及歸納與演繹。與舉一反三相聯繫的，還有「告諸往而知來」（《論語·學而》）、「聞一以知十」（《論語·公冶長》）等。前者（以往知來）是從過去已有的經驗而獲得新知，它較多著重於歸納；後者（聞一知十）則主要表現爲一個由一般到個別的推論，具有演繹的性質，二者從不同方面展開了舉一反三的方法論思想。

在《周髀算經》等古代科學著作中，歸納方法得到了更深入的考察。通過反思科學研究活動，《周髀算經》的作者作了如下總結：「夫道術，言約而用博者，智類之明。問一類而以萬事達

者，謂之知道。」（《周髀算經‧經上》）一般的概念和理論相對於具體的對象，總是具有概括的形式（表現爲「約」），而約又離不開博（廣泛的考察）；對類的普遍本質和規律的把握，乃是以具體地考察特殊對象（萬事）爲前提。朱熹從哲學的角度，對歸納方法作了進一步的說明：「蓋能於事事物物、頭頭項項理會得其當然，然後方知理本一貫。不知萬殊各有一理，而徒言理一，不知理一去何處？」（《朱子語類》卷二十七）理一與分殊是理學的重要論題，理一表現爲哲學的最一般原理，分殊則展開爲天下萬物。在朱熹看來，哲學固然應當追求最高原理，但對理一的體認，不能離開分殊；惟有通過理會事事物物，才能眞正把握一貫之理，而這一過程便包含著歸納的作用。不難看出，無論在科學的研究中，還是在哲學探索中，歸納都被視爲一個重要環節。

歸納作爲一種科學方法，在清代樸學中被提到了更爲重要的地位。清代樸學又稱乾嘉考據學，它在整理古代文獻、總結傳統學術方面，都作出令人矚目的成績，而在方法論上，清代樸學首先關注的便是歸納。阮元曾指出：「稽古之學，必確得古人之義例。執其正，窮其變，而後其說也不誣。」（《漢讀考》）所謂義例，包括語言文字領域的條理通則等。在清代學者看來，只有對豐富的事實材料反覆推究，嚴加剖析，從中概括出一般的條理規則，才能把握古代文獻紛繁複雜的具體現象。這種從具體的材料上升到普遍義例（通則）的過程，也就是一個歸納的過程。

在要求得其義例的同時，傳統哲學也十分注重從一般到個別的推論。孔子的「聞一知十」已肯定了這種推論的意義，後期墨家對此作了進一步的考察。後期墨家分析了多種邏輯方法與推論形式，在談到「效」時，它作了如下解釋：「效者，爲之法也。

所效者，所以爲之法也。故中效則是也，不中效則非也。」（《墨經・小取》）「法」是指立論的標準、法式，「效」即是建立一個法式作爲標準，符合法式（中效）便是正確的（「是」），不合法式（不中效）便是錯誤的（「非」）。這種以一般法式爲標準進行的推論，便是一種演繹的方法。荀子也發揮了孔子「聞一知十」的思想，強調「壹于道而以贊稽萬物」（《荀子・解蔽》），亦即從普遍的道出發，來考察千差萬別的具體對象。

從一般到個別的推論，當然不僅僅是一種哲學的思辯，它總是展開於具體的科學研究過程。在科學研究中，數學與演繹方法往有更內在的聯繫。劉徽在總結數學研究經驗時，曾提出了如下方法論思想：「事類相推，各有攸歸，故枝條雖分而同本幹者，知發其一端而已。」（《九章算術注・序》）「本幹」即數學的一般原理，「枝條」則是數學的各個具體分支。數學的分支雖然是多樣的，但它們又遵循共同的普遍原理，或者說，以同一原理爲推論的出發點（「發其一端」）。從「本幹」到「枝條」這種推論，主要便是一個運用演繹的過程。

相對於劉徽從數學研究上考察事類相推，王夫之更多地從哲學的角度，分析了由普遍到特殊的思維行程：「故善言道者，言其宗而萬殊得；善言治者，言其綱而萬目張。循之而可以盡致，推之而可以知通。」（《宋論》卷十）「宗」和「綱」屬一般，「萬殊」與「目」則是個別。就統一性原理的探求而言，把握了普遍的道，便可進而認識萬事萬物；就政治實踐而言，懂得了治國的一般原則，便可進一步指導具體的治國實踐。在「循之而可以盡致，推之而可以知通」的過程中，所循、所推的，是普遍的原理，所致（達到）、所知的，則是萬殊。王夫之的以上看法，無疑較爲深入地揭示了演繹方法的特點及作用。

作為一種思維方法，演繹的內在根據是什麼？早在先秦，哲學家已開始對此加以探討。墨家提出「以類取，以類予」（《墨辯·小取》），已注意到理性推論與類的關係：即推論應按事物的種屬包含關係而進行。荀子進而指出：「類不悖，雖久同理。」（《荀子·非相》）即只要事物的分類和歸類正確，那麼，由此概括出來的一般原理就一定適合該類的一切個別事物。這裡蘊含著如下思想，即理性的推論，乃是以客觀存在的種屬包含關係為其根據的。這一看法在爾後的哲學演進中同樣得到了肯定，如《周髀算經》便認為：「是故類以合類，此賢者業精習智之質也。」（《周髀算經·經上》）即數學研究中的演繹推論，必須以類的包含關係為根據（合類）。傳統哲學對演繹根據的這種理解，體現了思維邏輯與客觀過程的統一。

要而言之，由博而至約（歸納）與從道到萬殊（演繹）構成了思維的二種方法。而在傳統哲學中，二者並非彼此隔絕。孔子由舉一反三引出以往知來與聞一知十，已注意到了特殊到普遍和一般到個別二種推論之間的聯繫。荀子在肯定「欲知億萬，則審一、二」的同時，又強調「以道觀盡」（《荀子·非相》），它所體現的，是歸納與演繹的統一。

作為一種方法論原則，歸納與演繹的統一在清代樸學得到了更具體的體現。在主張會通義例的同時，清代樸學對一以貫之同樣予以了相當的重視：「不會通其例，一以貫之，只厭其膠葛重複而已，烏睹所謂經緯途徑者哉。」（凌廷堪《禮經釋例·自序》）會通其例是從特殊現象中抽象出一般的通則，一以貫之則是在這種一般通則的指導下，進一步考察具體的對象；前者是一個從個別到一般的歸納過程，後者則是從一般到個別的演繹過程，二者的統一，構成了清代學者治學的重要原則。正是善於將歸納與演

物固然包含對立著的兩個方面，但二者又具有內在的統一性，而並非僅僅彼此對立；與之相應，就方法論而言，不能停留於對事物不同方面的分別把握，而應在銖分毫析之後進而合而觀之：「分言之則辯其異，合言之則會其通。」（王夫之：《張子正蒙注・太和》）基於這一看法，傳統哲學對綜合的過程也予以了相當的關注。

分而辯析與合而會通作爲把握事物之理的二種方法，本身又存在著內在的聯繫。早在先秦，荀子已提出辯合的思想：「凡論者，貴其有辯合。」（《荀子・性惡》）這裡所說的「辯」含有分析之意，「合」則指觀其會通；貴有辯合，意味著把分析與綜合的統一視爲方法論的基本原則。隨著傳統哲學的演進，這種方法論原則也一再得到了肯定。王夫之曾批評片面強調合一與片面突出分析的看法：「易曰：一陰一陽之謂道。或曰：持聚而合之一也；或曰：分析而各一之也。嗚呼！此微言所以絕也。」（《周易外傳・繫辭上傳》）客觀之道本來表現爲陰與陽的統一，但有些人卻僅僅抓住陰陽之合，在方法論上只注意綜合；另一些人則僅僅看到陰陽之分，在方法論上一味講分析，二者的共同特點是割裂了分析與綜合。這種批評從另一個方面確認了分析與綜合的統一。

在肯定分析與綜合內在統一時，傳統哲學首先將分析規定爲綜合的邏輯前提，朱熹的如下論述便表明了這一點：「蓋必析之有以極其精而不亂，然後合之有以盡其大而不餘。」（《大學或問》）綜合是對事物整體的把握，然而，要眞正反映事物的全貌而無片面性（盡其大而不餘），便必須對事物的各個方面作嚴密細緻的分析（析之極而精）。從邏輯上看，離開分析而講綜合，則綜合往往便流於抽象的合一，而難以再現具體的整體。傳統哲

學要求將綜合建立在分析之上，無疑已注意到了這一點。

　　按傳統哲學的看法，分析之後的綜合之所以可能，是因爲分析本身並非完全隔絕於綜合：「故合二以一者，既分一爲二所固有矣。」（王夫之：《周易外傳‧繫辭上傳》）從客觀對象看，事物固然包含對立的二個方面，但對立面同時又存在於統一體之中；就思維的方法而言，對統一體各個方面的分析，是以統一體本身爲依據的；分乃是對統一體的分（所謂「分一爲二」）。既然分析並非主觀的任意分解，而是對統一體的分別考察，因而分析之後達到統一（綜合），並非主觀的合一：所謂「合二以一」，無非是通過「分一爲二」，在思維過程中再現對象的內在統一。傳統哲學的以上看法已注意到作爲思維方法的分析與綜合有其客觀的根據。

　　分與合各有所重，同時又相互統一，在總體上表現爲一個動態的過程，戴震對此作了言簡意賅的概述：「務要得其條理，由合而分，由分而合。」（參見段玉裁：《戴東原先生年譜》）由合而分，亦即從不同的方面對統一的整體加以分析，以分別地把握整體中的各個規定；由分而合，則是在考察事物不同規定的基礎上，將抽象出來的各個方面綜合起來，在思維中達到新的統一。這裡的思維行程表現爲一個由合出發而又復歸於合的過程，作爲起點的「合」，是未經分析的混沌整體；而作爲終點的「合」，則是經過抽象的具體，它已不同於原始的經驗表象。在從合到分，又從分到合的進展中，分與合本身又始終處於互動的關係之中。王夫之指出「君子樂觀其反也。……雜因純起，即雜以成純；變合常全，奉常以外處；則相反而固會其通。」（王夫之《周易外傳‧雜卦傳》）就客觀對象而言，雜表現的是事物的內在差異，純則顯示了事物統一的一面；從方法論上看，對事物差異（雜）

的分析，是以統一體（純）的存在爲前提的，而統一體的再現，則以差異的分析爲基礎，二者相反而相成，表現爲一種辯證的思維運動。

<h1 style="text-align:center">四</h1>

傳統哲學以「究天人之際，通古今之變」爲追求的目標。究天人之際涉及廣義的天道觀與價值觀，通古今之變則指向歷史的領域。從哲學史上看，注重歷史現象的考察，確實構成了傳統哲學的重要特點。孔子曾說：「殷因于夏禮，所損益可知也；周因于殷禮，所損益，可知也。其或繼周者，雖百世，可知也。」（《論語·爲政》，夏、商（殷）、周表現爲一個前後相繼的歷史過程，通過對歷史延續關係的考察，便可以了解某一歷史時期的特點，並進而預測未來的發展。在這裡，孔子已把歷史的考察理解爲歷史預見的前提，並相應地表現出關注歷史源流的思維趨向。

《管子》進而從方法論的角度，把歷史考察視爲認識對象的一種方法，要求「原始計實，本其所生。」（《管子·白心》）「原」、「本」具有追溯、推求之義，「始」、「生」則是指事物的歷史源頭。所謂「原始計實」，也就是從事物的現狀推溯其起源，把握事物發展的整個歷史過程，由此揭示事物的眞實本質。與這一方法相聯繫的，是由歷史推斷現狀：「疑于今者，察之古，不知來者，視之往。」（《管子》）考察歷史（古）以解決研究現實過程中出現的疑問，其前提是歷史與現實之間存在內在的聯繫，正是這種聯繫，使歷史的考察爲理解現實提供了一種具體的背景。「原始計實」與「察古知今」相互聯繫，從不同方面展開了歷史的方法。

與社會現象分析中注重歷史的考察相聯繫，傳統哲學在學術

文化研究也引入了歷史的方法。清代學者指出：「學固有自源而
達流者，亦有自流以溯源者。」（盧文弨《答朱秀才理齊書》，
《抱經堂文集》卷十九）這可以看作是對歷史方法的一種概括。
所謂「自流以溯源」，是指通過歷史的回溯，把握對象的原始狀
況，然後將對象的原貌與現狀加以比較，以揭示事實的眞相。在
史實考訂中，溯源的方法具體化爲根據原始的記載，以考證後起
的敘述：「言有出於古人而不可信者，非古人之不足信，古人之
前有古人，前之古人無此言而後之古人言，我從前者而已。（錢
大昕：《秦四十郡辨》，《潛研堂文集》卷二十三）文獻的流傳
總是有一個前後相繼的過程，一般說來，後起的文本總是以早出
的本文爲根據，因此辨別文獻記載的眞僞，應追溯到最爲原始的
文本。

　　「自流溯源」旨在追溯對象的原始面目，相對於此，「自源
達流」要求把握對象的本來狀況後，進一步考察它在各個演變階
段的不同特點，以辨古今之異。在典章制度的考證中，這種方法
表現爲疏通源流，即縱向的考察對象的變遷沿革。在音學研究中，
清代的學者反對援今議古，主張「審音學之源流」，並運用歷史
方法對古韻演變作了相當細緻的研究，如段玉裁以「音韻之不同，
必論其世」的歷史觀點爲依據，通過深入的分析比較，將先秦至
隋代的古韻變化區分爲三個階段：「唐虞夏商爲一時，漢武帝至
漢末爲一時，魏晉宋齊梁陳隋爲一時。」（段玉裁：《音韻隨時
遷移說》）這種自源達流的考察，已不限於對發展過程的起點與
終點作歷史的比較，而且將過程劃分爲若干階段加以研究，即不
僅力圖找出其前後聯繫，而且注重把握各個階段的特定形態，這
就把歷史考察與具體分析結合起來，從而深化了歷史方法。

　　考察社會現象的變遷與文化（文獻、文字等）的源流，主要

以歷史的具體過程為對象，並著重於再現對象發生、演變的歷史線索。在疏通源流的同時，傳統哲學也開始注意到對歷史過程的內在邏輯關係的把握。從荀子對禮的起源等考察中，已可以看到這一趨向。在分析禮的形成時，荀子指出：「人生而有欲，欲而不得，則不能無求，求而無度量分界，則不能不爭。爭則亂，亂則窮。先王惡其亂也，故制禮義以分之，以養人之欲，給人之求。使欲必不窮乎物，物必不屈于欲，兩者相持而長，是禮之所起也。」（《荀子‧禮論》）禮並非人類社會一開始就有的現象，而是在歷史演進過程中形成的，但荀子在這裡並沒有去考察歷史演變的具體過程，而是從人的本性（人生而有欲）與社會紛爭的關係上加以分析：在物質財富有限的條件下，人的無限度的欲求必然引起彼此的爭奪，而爭奪又必然導致社會的動亂，並最終走向衰亡，禮正是為了避免這種結果而產生的，它的作用在於規定一個度量分界，使人的欲求與物質財富之間達到適當的平衡，從而消除分爭。荀子的這種看法，顯然有別於根據具體的歷史線索所進行的分析，而更多地著重於社會現象之間的邏輯關係。

對歷史現象的考察與歷史過程內在邏輯關係的分析，在傳統哲學中並非完全彼此隔絕。柳宗元在分析分封制的形成時，首先考察了人類從穴居野處的原始狀態到國家制度的產生這一過程，由此進一步指出，從最高的天子到鄉邑的長官，只要有惠於人民，那麼，在他們去世後，人們就會擁戴他們的子孫繼續管理天下或鄉邑，於是，國家制度就採取了世代相襲的分封制形式。柳宗元由此得出結論：「故封建非聖人意也，勢也。」「彼封建者，更古聖王堯舜禹湯文武而莫能去之。蓋非不欲去之也，勢不可也。」（柳宗元：《封建論》）與主觀之「意」（意願、要求）相對的「勢」，是指歷史過程中內含的一種必然性。在這裡，柳宗元從

歷史過程的必然性（勢），來解釋歷史現象，表現出將歷史現象的描述與歷史演變內在邏輯的把握聯繫起來的趨向。

在王夫之那裡，以上的思維趨向得到了進一步的發展。王夫之同樣把社會歷史看作是一個演化的過程，並考察了人類從茹毛飲血到鑽木取火、學會耕種，從不知父子之親到懂得仁義禮制的發展過程。而在歷史的演進過程中，則存在著「勢」。王夫之對勢作了如下界說：「凡言勢者，皆順而不逆之謂也，……不容違阻之謂也。」（《讀四書大全說・孟子・離婁上》）順而不逆、不可違阻，即無法違抗，這裡更明確地把勢理解為歷史過程中的必然性。這種看法與柳宗元大致相近，不過，與柳宗元有所不同，王夫之進而將勢與理聯繫起來：「迨得其理，則自然成勢，又只在勢之必然處見理。」（同上）從歷史對象看，理是指歷史發展的規律，而這種規律正是在必然之勢中體現出來；就方法論而言，則相應地要求通過分析歷史演進的必然趨勢以揭示其內在的規律。如果說，「勢」以某種外在的形式展示了歷史演進的邏輯，那麼，理無疑以更內在的形式表現了這一點；而在勢之必然處見理，則意味著更深入地把握歷史過程的內在邏輯。

明勢見理的方法論原則同樣體現於學術史研究領域，在這方面，黃宗羲的學術思想頗具有代表性。黃宗羲曾對兩宋至明末的學術思想作了系統的考察，在他看來，學術思想的發展往往表現為多樣的形態，各人的思想道路，也彼此相異，正是在此意義上，黃宗羲認為學術之途，「不得不殊。」（《明儒學案・自序》）但在學術的多樣發展中，又包含著一以貫之的邏輯脈絡，這種脈絡，黃宗羲稱為「一本」，而學術的發展，也相應地表現為「一本而萬殊。」（《明儒學案・凡例》）黃宗羲以明代學術的發展為例，對此作了闡述：「有明學術，白沙開其端，至姚江而始大

明……逮至先師蕺山，學術流弊，救正殆盡。」（《移史館論不宜設理學傳書》《南雷文定前集》卷四）在這裡，黃宗羲以心學爲明代學術的主脈，而心學本身又經過了一個發生到極盛，由極盛而生流弊，又由流弊的產生到修正、糾偏的演變過程；質言之，明代學術固然「宗旨紛如」，殊途多樣，但又以心學爲主脈而前後相聯。

從學術發展有其內在脈絡觀點出發，黃宗羲強調在學術史的研究中，應當通過分源別派，以揭示其中內含的「一本」：「於是爲之分源別派，使其宗旨歷然，由是而之焉，固聖人之耳目也，間有發明一本之所在，非敢有所增損於其間。」（《明儒學案·自序》）一本在學術思想的演進中具體展開爲學脈，而這種學脈同時又體現於宗旨各異的學術體係中，學術史的研究，要在考察歷史上各種具體學說流派的基礎上，把握其中「數百年的學脈」。（同上）從方法論上看，得其宗旨主要是分別地研究殊途多樣的體系在學術上的獨創見解，明其學脈則意味著把握整個學術史演變過程中一以貫之的線索。與以上方法論原則相聯繫，黃宗羲要求將學術史中的一時偏重與學脈區分開來。在談到朱熹與陸九淵思想的異同時，他對此作了具體說明：「非尊德性則不成問學，非道問學則不成德性。故朱子以復性言學，陸子戒學者束書不觀，……此一時救法，稍有偏重，無關於學脈也。」（《復秦燈岩書》《南雷文定前集》卷四）一時偏重是整個學術發展中帶有偶然性的現象，在黃宗羲看來，朱陸的某些具體提法（如以復性言學等）便屬於這一類現象，與之相對的學脈，則表現了學術演進過程中規律性的聯繫，這種聯繫以穩定的形式，展示了學術發展的內在邏輯。黃宗羲認爲學術史研究應超越一時偏重而明其學脈，在某種意義已注意到歷史考察與邏輯把握之間的聯繫。

五

在廣泛考察的基礎上，通過會通與一貫、分析與合觀以及疏通源流、因勢見理、明其學脈等環節而獲得的認識，最終還要通過一個驗證的過程。荀子指出：「凡論者，貴其有辯合，有符驗。」（《荀子·性惡》）辨合含有分析與綜合統一之意，符驗則指對認識的檢驗。王充也強調：「事莫明于有效，論莫定于有證。」（《論衡·薄葬》）只有經過驗證的認識，才可視爲定論。

在傳統哲學中，對觀點的驗證有多重形式。韓非曾提出了參驗說，主張「因參驗以審言辭」。（《韓非子·奸劫弒臣》）參和驗都是檢驗認識的方法，但二者的側重又有所不同。驗含有事實驗證之意，「參」則指比較分析，所謂「行參必拆」（《韓非子·八經》），拆即分異，引伸爲分析。要判斷言辭的眞僞，便要借助「參」的方法：「參言以知其誠。」（同上）作爲一種比較分析的方法，「參」對言論觀點的驗證，具有某種邏輯論證意義。與韓非相近，王充提出「論則考之以心，效之以事。」（《論衡·對作》）效之以事是事實的驗證，與之相對的「考之以心」，則含有邏輯論證之意。

行參、考之以心在清代學者中進而被引伸爲虛會：「事有虛會，有實證。」（閻若璩：《尙書古文疏證》卷五）所謂虛會，即是從邏輯關係上加以推論，其形式之一是根據前後是否貫通，推斷某種記載或觀點的眞僞：「事之眞者，無往不多其貫通，事之贗者，無往不多其抵牾」。（同上，卷六）此處所說的「抵牾」，即是形式邏輯意義上的矛盾，在清代學者看來，正確的思維首先應當在邏輯上始終一貫，具有內在的自洽性；凡是前後相悖，上下衝突，則很難斷定其爲眞。這裡實際上是用形式邏輯的矛盾律，

來確定某一結論能否成立。

行參、虛會主要著重於從邏輯關係上對言說觀點加以論證，這種驗證並沒有終結檢驗言論的過程。邏輯上的推斷之後，最終還要訴諸事實的驗證。早在先秦，墨子已提出了著名的三表，以此判定言論的是非。從事實的驗證來看，這裡應當注意的是前二者。首先是以「古者聖王之事」為本，亦即用間接的歷史事實為證；以歷史事實驗證言論，在傳統哲學中又稱為「援古證今」：「有一疑義，反覆參考，必歸于至當；有一獨見，援古證今，必暢其說而後止。」（潘耒：《日知錄·序》）反覆參考而歸于當，屬邏輯的推斷；援古證今，則是以歷史事實為證。與聖人之事相對的是百姓耳目之實，亦即直接的經驗事實；傳統哲學十分注重經驗事實的驗證，言論如果缺乏事實的這種驗證，則往往被視為是虛妄的，所謂「無驗而言之謂妄」。（楊雄：《法言·問神》）

虛會與實證的如上結合，在方法論上即表現為邏輯論證與事實驗證的統一，在傳統哲學看來，只有在兩者的這種聯繫中，才能達到十分之見：「所謂十分之見，必征之古而靡不條貫，合諸道而不留餘議，巨細畢究，本末皆察。」（戴震：《與姚孝廉姬傳書》《戴東原集》卷九）「十分之見」可以看作是已得到確證的真理，與認識的出發點上強調廣泛考察相一致，認識的檢驗也被理解為一個博證（巨細畢究）的過程。對認識的這種檢驗方法既不同於僅僅停留於抽象的推繹，也有別於簡單地列舉實例，它從一個方面為達到全面的認識提供了較為可靠的基礎。

可以看到，傳統哲學要求以物為法，通過會通與一貫、分與合、疏通源流與明勢見理、虛會與實證的統一，以達到十分之見，它所包含的方法論原理，無疑從一個方面展示了傳統哲學的深沉意蘊。

天人之辯的價值向度

在中國哲學中，天人之辯內含多重意蘊：它既涉及天道觀，又關聯著價值觀。從後一意義看，天即廣義的自然及本然，人則首先指主體的創造活動（自然的人化）及其成果（表現為各種形態的文明）。對象世界及人本身是否應當超越自然（天）的狀態？文明是否有價值？自然的人化是否應伴隨著人的自然化？等等，作為價值觀的天人之辯，總是無法迴避這些問題。自先秦開始，中國的哲人便已從價值觀的角度，對天人關係加以闡釋，並形成了不同的價值取向，而其中佔主導地位的則是儒家的天人關係論。本文擬通過分析原始儒學（孔孟荀），對儒家的天人之辯及其內蘊作一檢視，並進而從一個側面把握儒家的價值體系。

一

儒家的天人之辯以孔子為歷史的起點，在孔子的時代，人類早已由自然狀態進入文明社會，自然（天）與社會（人）的分野，也已經歷了一個漫長的歷史過程，對文明的歷史進步，孔子無疑有著深刻的感受。他曾從人與人之間的社會聯繫這一側面，指出了這一點：「鳥獸不可與同群，吾非斯人之徒與而誰與？」（《論語・微子》，以下只注篇名）「斯人之徒」即超越了自然狀態而文明化的人。作為文明時代的主體，人不能倒退到自然狀態，而只能在人化的基礎上，彼此結成一種社會的聯繫，在此，孔子以不容置疑的語氣，肯定了文明的價值。

　　文明的成果，當然並不僅僅體現在人化的社會關係中，它有著更爲廣泛的歷史內涵。在某種意義上，殷周的禮制便可視爲文明進步的表徵，而孔子對禮的考察，多少也是著眼於這一意義。他曾頗爲動情地說：「郁郁乎文哉！吾從周。」（《八佾》）這裡固然表現出緬懷舊制的保守心態，但在它的背後，則蘊含著一種更爲深沉的價值取向：周禮在此不僅僅是一種往古的陳跡，而且同時是一種廣義的文明象徵，從而，「從周」也相應地意味著確認人類文化創造的歷史意義。孔子之注重「夷夏之辨」，表現的也是一種類似的價直趨向：夏之高於夷，主要便在於其文明程度優於後者。也正是從相同的前提出發，孔子對管仲讚譽有加：「微管仲，吾其披髮左衽矣。」（《子路》）在此，管仲的功績首先即表現在避免了文明的倒退（「披髮左衽」）。

　　作爲一種高於自然的人文存在，文明社會應當建立在什麼基礎之上？孔子提出了仁道的原則。孔子思想以仁爲核心，這已是一種公認的看法，早在先秦，便已有孔子「貴仁」之說。當然，「仁」這一範疇的提出，並非始於孔子。在《詩經・齊風》中即已見仁字：「盧令令，其人美且仁。」《尚書・金滕》中亦開始提到仁：「予仁若考，能多材多藝，能事鬼神。」不過，以上文獻所說的仁，似乎只是儀文美備的意思，而並不表現爲一以貫之的觀念，在孔子那裡，仁則第一次被提升爲一種普遍的價值原則。

　　《論語・顏淵》記載了孔子對仁的界說：「樊遲問仁。」子曰：「愛人。」這可以看作是仁的內涵的最一般規定。以愛人界定仁，體現的乃是一種樸素的人文觀念，它首先意味著確認人在天地萬物中至上地位。在《鄉黨》中，我們可以看到這樣一段耐人尋味的記載：一次，馬廄失火被毀，孔子退朝歸來，聽說此事，馬上急切地詢問：「傷人乎？」而並不打聽火災是否傷及馬（「

不問馬」）。這裡所表現的，是一種人文的關切，它意味著：相對於牛馬而言，人更爲可貴，因此，關注之點應當放在人之上。當然，這並不是說牛馬是無用之物，而是表明，牛馬作爲與人相對的自然存在，只具有外在價值（表現爲工具或手段）；惟有人才有其內在的價值（本身即是目的）；在問人而「不問馬」的背後，蘊含的正是人即目的這一觀念。

把人視爲目的，基本的要求便是尊重人。孔子說：

> 今之孝者，是謂能養。至於犬馬，皆能有養。不敬，何以別乎？（《爲政》）

敬是人格上的敬重。如果只有生活上的關心（能養），而無人格上的尊重，那就意味著將人降低爲物（犬馬）。人作爲目的，並不僅僅是一種感性的生命存在，它具有超乎自然的社會本質（人化本質），而這種本質首先是在人與人的相互尊重中表現出來的。對人的敬重，便是對人的內在價值的確認，亦即對人的超乎自然的本質存在的肯定。孔子要求通過「敬」把對人的關係與對物的關係區別開來，無疑有見於此。儘管他在這裡主要涉及親子關係，但以人格的尊重來凸現人不同於工具的人文本質，其意義顯然已遠遠超出了親子之域。

表現爲愛人、尊重人的仁道原則，以孝悌爲基礎：「孝悌也者，其爲仁之本與！」（《學而》）孝主要體現於親子關係之中，悌則展開於兄弟關係。一般而論，親子關係及兄弟關係首先以血緣爲紐帶，因而帶有自然的性質。然而，這種關係一旦以孝悌的形式展現，便開始突破自然之域而帶有人文的意義：孝悌本質上是一種社會的倫常關係。孔子以孝悌爲仁之本，其內在的含義便是要求將自然的關係人文化，它同時又從一個側面強調了仁道原則超越自然的性質。按孔子之見，一旦人能從最初的自然關係（

以血緣爲紐帶的親子兄弟關係）中得到提升（使之進到人文的層面），那麼，人之爲人的族類本質便可以逐漸確立，而仁道的實現也相應地有了內在的保證。

　　有一種常見的看法，即以爲孔子主張「愛有差等」，而愛有差等又構成了對仁道原則的限制。這種觀點並非毫無根據，因爲當孔子以孝悌爲仁之本時，確實有突出親子手足之愛的一面。然而，由此而否定孔子仁道原則的普遍性，則是缺乏根據的。如前所述，孔子強調孝悌爲仁之本，其眞正的旨趣並不是以狹隘的血緣關係來限制仁道原則，而在於將原始的（最初的）自然關係加以人化。就其本質而言，人文化總是意味著普遍化：它體現的乃是人的普遍的族類本質，事實上，在孔子那裡，以孝悌爲本與肯定仁道原則的普遍性，並不存在內在的緊張，毋寧說，前者乃是後者的邏輯前提。從孔子的如下論述中，我們便不難看到這一點：

　　弟子入則孝，出則悌，謹而信，泛愛眾，而親仁。（《學而》）

在此，孝悌作爲原始自然關係的人化形式，構成了人類普遍交往的出發點；從親子手足之愛到群體之愛（泛愛眾），表現爲一種合乎邏輯的擴展，而仁道原則本身則在這一過程中進一步昇華爲一種普遍的規範。後來孟子所謂「老吾老以及人之老，幼吾幼以及人之幼」，體現的大致是同一思路。

　　就其要求超越自然而言，仁道原則無疑表現出天（自然）人（人文）相分的趨向。然而，天人相分並不意味著天人隔絕。在孔子那裡，以泛愛眾爲內容的人道原則儘管突破了自然之域，但始終沒有割斷與自然的聯繫。這一點，從孔子對三年之喪的闡釋中，即可窺見：

夫君子之居喪，食旨不甘，聞樂不樂，居處不安。……夫
三年之喪，天下之通喪也。（《陽貨》）

父母去世後，子女往往飲食而不覺味美，聞樂而不覺悅耳，這是
思念父母之情感的自然流露，而三年之喪，便是基於這種自然的
心理情感，孔子以為三年之喪是天經地義的，這當然不免有些陳
迂，但他把服喪與人的自然情感聯繫起來，則有其值得注意之點，
按孔子之見，服喪作為孝的形式，本身即是仁道的體現，既然三
年之喪以人的自然情感為內在根據，那麼，以孝悌為本的仁道原
則，也就相應地合乎人的心理情感的自然要求，而並不表現為一
種人為的強制。在此，孔子事實上從心理情感的層面上，對仁道
原則與自然原則作了溝通。以「食旨不甘，聞樂不樂」等形式表
現出來的心理情感固然並不能完全與自然的本性等而同之，因為
它在一定意義上已或多或少被「人化」了，然而，不能否認，其
中確實包含著某種出乎天性（自然）的成份，事實上，即使是情
感中的人化因素，也常常是以一種自然（第二自然）的方式表現
出來。

　　與上述看法相聯繫，孔子在強調超越自然的同時，又提出了
「則天」的主張：「唯天為大，唯堯則之。」（《泰伯》）所謂
則天，也就是順乎自然。當然，這並不是要求從文明的社會回到
自然狀態，而是指不應當把人為的規範，變成壓抑人的律令。在
孔子看來，超越自然絕不能理解為反自然，自然的人化同時應當
看作是對自然的順導與昇華。《論語‧先進》中有如下記載：

子路、曾晳、冉有、公西華侍坐。子曰：「以吾一日長乎
爾，毋吾以也。居則曰：『不吾知也！』如或知爾，則何
以哉？」子路率爾對曰：「千乘之國，攝乎大國之間，加
之以師旅，因之以饑饉，由也為之，比及三年，可使有勇，

且知方也。」夫子哂之。「求！爾何如？」對曰：「方六
七十，如五六十，求也爲之，比及三年，可使足民。如其
禮樂，以俟君子。」「赤！爾何如？」對曰：「非曰能之，
願學焉，宗廟之事，如會同，端章甫，願爲小相焉。」
「點！爾何如？」鼓瑟希，鏗爾，舍瑟而作。對曰：「異乎
三子者之撰」。子曰：「何傷乎？亦各言其志也。」曰：
「莫春者，春服既成。冠者五六人，童子六七人，浴乎沂，
風乎舞雩，詠而歸。」夫子喟然嘆曰：「吾與點也。」

相對於子路、冉有、公西華的社會抱負而言，曾點所嚮往的，是
一種自然的境界，這種境界當然不是與鳥獸同群，但通過「浴乎
沂，風乎舞雩」而陶冶，渲暢情感，畢竟更多地體現了人與自然
的聯繫，它意味著，在人化自然的同時，人本身也應當自然化（
則天）；文明社會的原則，不應隔絕於自然；吾與點的感嘆所蘊
含的，正是如上涵義。

　　從價值觀的角度看，孔子對自然原則的肯定，有其不可忽視
的意義。作爲價值的主體，人總是首先要經歷一個從自然到人化
（社會化）的過程，唯有超越了自然，人才能獲得內在價值（使
自身成爲目的）；但另一方面，作爲人化結果的社會準則，特別
是其中的倫理原則，也不應當敵視自然，相反，它應當逐漸內化
於主體，成爲主體的第二天性（第二自然），後者也就是所謂人
的自然化過程，社會的規範（包括仁道原則），如果脫離了自然
的原則，那就容易或者衍化爲一種虛僞的矯飾，或者蛻變爲外在
的強制。孔子在提出仁道原則的同時又肯定自然的原則，無疑已
注意到自然的人化與人的自然化應當彼此排斥。

　　當然，就總體而言，在天人之辯上，孔子基本的價值取向是
突出人（仁道原則）；對孔子來說，自然原則的最終意義，便在

於更完滿地實現仁道的原則（使之避免蛻變爲人爲的強制）。可以說，正是仁道原則，從總的趨向上定下了儒家價值體系（包括人論）的基調，並賦予儒家以不同於其他學派的特點。相對於儒家之注重人道原則而言，後起的道家所突出的，主要是自然的原則，他們以人的自然狀態爲理想境界，主張「無以人滅天」，要求由文明（人化狀態）返歸自然。這種看法注意到了文明進步所帶來的某些消極面，並看到了文明社會的規範與準則不應當違背自然，但同時卻未免忽視了自然的人化及人的尊嚴問題。與道家強化自然原則不同，法家將暴力原則提到了至上的地位，強調「當今爭於氣力」（韓非），並把刑法等暴力手段作爲調節人際關係的唯一準則。如果說，道家的自然原則表現出非人道的特點，那麼，法家的暴力原則則具有反人道的性質。相形之下，由孔子奠基的仁道原則，儘管仍帶有抽象的形式，但畢竟更多地體現了原始人文主義的人道精神。

二

　　孔子之後，對天人關係做進一步探討的，是孟子。孟子將人與禽獸之分提到了突出地位，並反覆加以辨析。這一問題所涉及的，實質上也就是天人之辯。在孟子看來，禽獸是一種自然的存在，如果一個人回到自然的狀態，則他與禽獸也就沒有什麼區別了。那麼，具體地說，人與禽獸之別究竟體現在哪裡？孟子首先從內在的心理層面作了規定。按孟子之見，凡人皆有普遍的道德情感：「惻隱之心，人皆有之，羞惡之心，人皆有之，恭敬之心，人皆有之；是非之心，人皆有之。」（《孟子·告子上》，以下只注篇名）正是這種本善之心使人超越了自然的狀態，並成爲一種文明化（人文化）的存在，在談到舜時，孟子曾對此作了闡述：

> 舜之居深山之中，與木石居，與鹿豕遊，其所以異於深山
> 之野人者幾希。及其聞一善言，見一善行，若決江河，沛
> 然莫之能御也。（《盡心上》）

這裡的「幾希」之性便是指以惻隱、羞惡等形式表現出來的心理
道德情感，它的存在，使人即使生活在自然的環境之中，也能依
然保持人之為人的本質規定，並對人類社會特有的道德現象（善
言善行）產生巨大的向心力。

　　孟子把人與禽獸、自然狀態與人化的社會區別開來，並要求
超越自然的狀態而提升到異於「野人」的文明（人化）狀態，這
無疑體現了奠基於孔子的儒家人文主義取向；而他從人性之中去
尋找人不同於禽獸的本質規定，則表現了把仁道原則與內在心理
情感聯繫起來的思路。事實上，在孟子看來，作為文明社會基本
規範的仁道原則，便是人的內在心理情感的展開：「惻隱之心，
仁之端也。」（《公孫丑上》）孔子曾以思念父母的情感為孝（
仁的具體形式）之根據，孟子的如上看法與此顯然有相近之處，
不過，孔子在談到情感與孝的關係時，主要側重於情感的自然流
露，而孟子所說的惻隱之心、羞惡之心等等，則被視為人異於「
禽獸」、「野人」的特殊本質（性），因而更多地帶有倫理化（
人化）的色彩，就此而言，孟子似乎更突出仁道與自然的區分。

　　當然，以惻隱之心等心理情感為仁道的內在根據，並不意味
著將仁道僅僅限制在主體意識的層面。作為人化（文明化）的象
徵，仁道應當成為一種普遍的社會準則。正是基於這一看法，孟
子進而由不忍人之心（仁心）推出了不忍人之政：

> 人皆有不忍人之心，先王有不忍人之心，斯有不忍人之政
> 矣。（同上）

不忍人之政亦即所謂仁政，孟子曾對仁政的內容作了相當具體的

設定，概括起來，它大致包括兩個方面：其一，制民以恆產，亦即使小生產者擁有一定的土地，使之「仰足以事父母，俯足以畜妻子」，年成好能豐衣足食，災年亦能免於飢寒；其二，實行德治，亦即通過教仁等方式來安撫人民，而不是以暴力的方式來壓服人，從當時的歷史條件來看，孟子的如上主張自然不免有其迂闊之處；他以井田制作為制民以恆產的形式，更是逆乎歷史發展的趨勢。不過，孟子把被統治者的安居樂業作為自己的政治理想，並以此否定背離人民意願的暴政，畢竟又體現了一種人道的精神，它實質上可以看作是「泛愛眾」的觀念在社會政治領域中的展開，這樣，從孔子的仁道到孟子的仁政，儒家人文主義原則表現為一個深化的過程，它開始由一般的倫理要求，進一步提升為社會政治生活的準則。

　孟子的性善說（人皆有不忍人之心或惻隱之心）與仁政說分別從內在的心理情感與外在的社會關係上展開了孔子所奠基的人道原則，並使之獲得了更為寬泛的內涵和更為普遍的規範功能。可以看出，在孟子那裡，儒家基本的價值取向已進一步趨向於定型。後世之所以孔孟並稱，在很大程度上便是基於儒學的如上演進過程。

　不過，在強化仁道原則的同時，孟子又表現出某種泛道德主義的傾向，按孟子的看法，仁政作為德治的形式，乃是對「以力假仁」的否定，二者之區分，即構成了所謂王霸之辯：「以力假仁者霸，霸必有大國；以德行仁者王，王不待大。……以力服人者，非心服也，力不贍也；以德服人者，中心悅而誠服也。」（《公孫丑上》）以力服人，表現的是一種暴力原則，孟子以德否定力，無疑從一個側面體現了對人的尊重，但他由此又對道德轉化功能作了不適當的渲染，將仁道視為社會政治生活的唯一原則：

> 三代之得天下也以仁，其失天下也以不仁，國之所以廢興
> 存之者亦然，天子不仁，不保四海；諸侯不仁，不保社稷。
> 卿大夫不仁，不保宗廟；士庶人不仁，不保四體。（《離
> 婁上》）
>
> 城郭不完，兵甲不多，非國之災也；田野不闢，貨財不聚，
> 非國之害也；上無禮，下無學，賊民興，喪無日矣。（同
> 上）
>
> 仁人無敵於天下。（《盡心下》）

如此等等。在這裡，道德的力量滲透於社會的各個層面，它決定
著個人的安危，國家的興亡；在仁道的無敵神威之前，一切物質
的因素都顯得如此微不足道，以至幾乎可以置之不顧。於是，道
德便超越了自身而泛化爲一種抽象的超驗力量，這種泛道德主義
的觀點既在某種意義上將道德之外的因素加以道德化，同時又蘊
含著輕視經濟、政治等非道德力量的傾向。它使儒家的人文主義
多少染上了一種溫情的色彩，而相對地弱化了其歷史深度。

　　就天人之辯而言，由仁政說及德力（王霸）說所展開的仁道
原則，主要體現了對人文（文明）的關注和推重，但這並不意味
著天與人之間的對立。在孟子看來，天與人並非彼此對峙，二者
有著內在的聯繫：

> 誠者，天之道也；思誠者，人之道也。（《盡心上》）

從本體論上看，「誠」的基本含義是眞實不妄（實然）[1]，就倫
理學而言，「誠」則是眞誠無僞，自然（天）是一種眞實的存在
（實然），而這種作爲實然的誠，同時又構成了作爲當然（人之

1　正是在此意之上，後來王夫之把「誠」界定爲「實」。

道）的「誠」之根據，這樣，以實然與當然的統一爲內容，天與
人便合而爲一。孟子的以上看法注意到了作爲人道的當然雖然超
越了作爲天道的實然，但二者並非彼此懸隔：當然總是不能完全
離開實然的制約。

不過，孟子以誠爲天人合一之中介，同時又蘊含了另一種思
維趨向，即模糊天道與人道的界限，誠作爲實然，本來是當然之
則的根據，但一旦二者的界線被模糊，則實然往往會被同等於當
然，而天道也相應地容易被倫理化。事實上，在孟子那裡，天與
人的合一，往往與泛道德主義的取向糾纏在一起：「盡其心者，
知其性也。知其性，則知天矣。」（《盡心上》）將人之性視爲
天人相合的基礎，顯然是以賦予天以倫理規定爲出發點的，不妨
說，它實際上是在將天人化（倫理化）的前提下建立天與人的統
一，就此而言，孟子在強化儒家的仁道原則，並由此走向泛道德
主義的同時，對自然原則似乎又有所弱化。

三

天人之辯演變到荀子，其內涵涵開始進一步展開並深化，荀
子首先提出了「明於天人之分」（《荀子·天論》），以下只注
篇名）的著名命題，天即自然，所謂天人之分，首先指人是一種
不同於自然對象的存在：

> 水火有氣而無生，草木有生而無知，禽獸有知而無義；人
> 有氣、有生、有知亦且有義，故最爲天下貴也。（《王制》）

氣、生、知（知覺能力，如目能視、耳能聽之類）都是一種自然
的規定或屬性，義則超越了自然而表現爲一種人文化的觀念（道
德意識）。按照荀子的看法，人之爲人，並不在於具有氣、生等
自然的稟賦，而在於通過自然稟賦的人化而形成了自覺的道德意

識（義），正是這種人文化的觀念，使人不同於自然的對象而具有至上的價值（最為天下貴）。在此，荀子通過天人之分而將人提到了高於自然的地位，並把義作為確認人之價值的依據，這種思路與孔孟大致前後相承，體現的基本上是儒家的傳統。

不過，義固然使人區別於並高於自然對象，但人的價值並不僅僅體現於義。在荀子那裡，天人之分還具有另一重涵義，即天職與人職之分。天是一個沒有意志滲入的自然過程：「不為而成，不求而得，夫是之謂天職」（《天論》），與此相對，人則具有經緯自然的能力，其職能在於理天地：

> 故天地生君子，君子理天地。（《王制》）

> 天有其時，地有其財，人有其治，夫是之謂能參。（《天論》）

「理」、「治」，均指對自然的作用。通過治理天地的活動，自然便由自在的對象轉化為為我的存在（為我所用）：「天地官而萬物役」（《天論》），而這一過程又在雙重意義上進一步體現了人的價值：一方面，物最終為人所用，人是目的；另一方面，主體的本質力量在作用於自然的過程中得到了外在的展現，換言之，人的價值超越了內在的道德意識（義）而得到了外部的確證。相對於孟子僅僅從內在的心性（善端）談人與禽獸之別，荀子對人的價值的如上肯定，無疑更具有深沉的歷史意識和現實力量。

確認人最為天下貴，內在地蘊含著對人道原則的注重。對荀子來說，相對於天道，人道具有更為重要的意義，這種致思趨向明顯地打上了孔門的印記。不過，與孔子以仁為軸心展開人道原則有所不同，荀子著重將人道原則與禮聯繫起來。從儒學的演變來看，禮本是孔子思想中的一個重要範疇，孔子甚至以「克己復禮」界說仁。但相對於仁而言，禮主要表現為一種外在的形式；

只有與仁相結合，禮才具有現實意義：「人而不仁，如禮何？」
（《論語・八佾》）在荀子那裡，禮開始由附庸於仁的外在形式，
提升爲人道的最高準則：

> 禮者，人道之極也。（《禮論》）

> 　故學至乎禮而上矣，夫是之謂道德之極。（《勸學》）

與仁主要表現爲內在的規範不同，禮更多地側重於外在的制約，
如果說，孟子以惻隱之心（不忍人之心）作爲仁的出發點，意味
著將人道原則視爲內在良心的呼喚，那麼，荀子以禮爲人道之極，
則將人道原則理解爲社會對主體的要求。

　作爲人道之極，禮的作用首先表現爲治：「天地者，生之始
也，禮義者，治之始也。」（《王制》）此處之治，含義較廣，
它既指治理社會，經緯天地，又指對個體的塑造。人（個體）作
爲生命的存在，首先是自然的產物，換言之，人的生命來自自然
（天地者生之始）；然而，要使人由有生命的自然存在成爲社會
化（人化）的主體，則離不開禮的改鑄（禮義者，治之始）。人
剛剛來到天地間時，總是帶著很多自然的痕跡，人的天性中也往
往難免有自然的情感欲望；「夫人之情，目欲綦色，耳欲綦聲，
口欲綦味，鼻欲綦臭，心欲綦佚，此五綦者，人情之所必不免也。」
（《王霸》）如果聽任這類本性的發展，那麼，人便很難與禽獸
（自然對象）區別開來。只有以禮加以約束和治理，人才能眞正
超越自然：

> 凡用血氣、志意、知慮，由禮則治通，不由禮則勃亂提慢；
> 食飲、衣服、居處、動靜，由禮則和節，不由禮則觸陷生
> 疾；容貌、態度、進退、趨行，由禮則雅，不由禮則夷固
> 僻違，庸眾而野。（《修身》）

> 凡治氣、養心之術，莫徑由禮。（同上）

「野」「雅」之分,即是自然與人文(天人)之分的具體形式,由野而雅,意味著從自然的人轉化爲社會(人化)的人,而這一轉化的基本保證,則是禮的規範和整飾,在此,禮的人道意義便在於將人從自然狀態中提升出來。

禮作爲治之始,其作用當然不僅僅在於整治個體的自然本性,從更廣的視角看,禮還具有協調社會關係,避免或化解社會衝突的功能。荀子認爲,人之爲人,在於有辨:「人之所以爲人者,何已也?曰:以其有辨也。」(《非相》)這裡的人,是指做爲族類的人;辨則指社會成員之間的等級區分。社會由個體構成,而個體總是有不同的需要和利益。如果不對這些需要與利益加以限制(規定一個界限)。那就難免引起紛爭,而禮的作用即在通過制定度量分界,以消彌紛爭:

> 人生而有欲,欲而不得,則不能無求,求而無度量分界,
> 則不能不爭。爭則亂,亂則窮,先王惡其亂也,故制禮義
> 以分之,以養人之欲,給人之求。(《禮論》)

爭、亂的結果是社會的崩潰衰落(窮),而社會的崩潰則最終將導致人類自身的毀滅,就此而言,爭亂又可視爲對人的存在價值的否定。如果說,對個體的規範整飾主要在自然(本然之性)的人文化這一意義上體現了人道的原則,那麼,通過劃定度量界限以避免社會衝突,則在更廣的社會歷史層面上表現了相同的價值取向。

當然,以禮定分,並不意味著個體的社會地位是恆定不變的,禮所制定的度量分界,同時又構成一種準則,一旦合乎禮,便可進入相應的等級,如果不合乎禮,則當劃入另一界域:

> 雖王公士大夫之子孫也,不能屬於禮義,則歸之庶人,雖
> 庶人之子孫也,積文學,正身行,能屬於禮義,則歸之卿

　　相士大夫。（《王制》）

在此，禮對所有的社會成員都一視同仁：它乃是根據同一原則對社會成員加以劃界分等。換言之，儘管禮包含著等級分界，但它同時又表現爲一種客觀的劃分準則。不難看也，這裡實質上內在地蘊含著一種公正的原則：在禮面前人人平等，正是基於這一原則，荀子一再強調「公平」、「公心」、「公正」：

　　故公平者，聽之衡也。（《王制》）

　　以仁心說，以學心聽，以公心辨。（《正名》）

　　貴公正而賤鄙爭。（同上）

如此等等。於是，在荀子那裡，禮便具有了雙重品格：一方面，它通過度量分界而化解了社會的緊張與衝突，另一方面，它又依此公正的原則而保證了社會分界的合理性。

　　如前所述，孔子以仁爲人道原則的基本的內涵，而仁則主要體現了一種愛的要求（愛人，泛愛衆）；孟子由不忍人之心推出不忍人之政（仁政），貫串其間的，仍然是廣義的泛愛觀念。相形之下，荀子把作爲人道之極的禮與公正的要求聯繫起來，無疑使人道原則具有了新的內涵。與仁愛更多地側重於內在的心理情感（孟子的仁政一開始即表現爲內在善端的投射不同，公正的要求首先涉及外在的社會聯繫；如果說，仁愛是從內在的層面突出了人是目的，那麼，禮所體現的公正的要求則從外在的層面普遍地肯定了人的價值：公正地對待每一社會成員，意味著確認每一個人都有其自身的價值。不妨說，二者實際上從不同的角度，展開了儒家的人道原則。

　　禮在被賦予分界與公正的雙重品格之後，便開始與法溝通起來，法的基本特點是勝私：「怒不過奪，喜不過予，是法勝私也。」（《修身》）作爲私的對立面，法乃是正義的象徵，換言之，它

從另一側面體現了公正的原則。正是基於禮與法的內在相通，荀子在強調禮的規範、調節作用的同時，又把法提到了突出地位：

> 道之與法也者，國家之本作也。（《致士》）
>
> 法者，治之端也。（《君道》）
>
> 故學也者，禮法也。（《修身》）

禮法並重，構成了荀子思想的重要特徵。

當然，禮法相通，並不意味二者全無差異。按其本來意義，禮主要是一種當然之則（廣義的人倫原則），法則是一種強制性的社會規範。在荀子那裡，禮與法的如上區分，具體表現為運用範圍的不同：「由士以上則必以禮樂節之，衆庶百姓則必以法數制之。」（《富國》）以為禮僅僅適用於士以上的社會成員，而對社會的其他成員則應以法律來制約，這無疑意味著給人道原則規定了一個界限，它同時對禮所包含的公正要求，似乎也有所偏離，對禮法的如上區分表明，作為剛剛步入封建時代的思想家，荀子固然已開始突破了世襲的等級觀念（觸及了公正原則），但還不可能達到近代人文主義的正義觀念。不過，從另一個角度看，荀子對禮與法的區分，又蘊含著如下觀念，即道德規範的功能不是萬能的，它有其自身的限度：當荀子強調禮的調節作用主要表現於士以上階層時，或多或少已注意到了道德不能超出自身的界限。如前所述，孟子在肯定道德規範的普遍性的同時，又表現出不適當地渲染、強化道德作用的傾向，這與後來法家以法為處理人際關係的唯一準繩，似乎走向了二個不同的極端。從這一歷史前提來看，荀子將禮的作用範圍加以限制，顯然又有克服泛道德主義傾向的意義。

就總的趨向而言，從孔子到孟子，儒家的人道原則主要表現為內在之仁的泛化，相形之下，荀子以禮為人道之極，則更側重

於人道原則的外在性：「上莫不致愛其下，而制之以禮。」（《王霸》）在此，禮既體現了自上而下的關懷（愛），又表現爲社會對於個體的約束，而二者均具有外在的性質。如前文所論，人道的外化，無疑使之具有了更深沉的歷史意蘊和現實力量，但同時，外化又意味著他律化：相對於仁，禮無疑更多地帶有他律的性質，這種趨向如果進一步發展，往往容易使人倫規範衍化爲強制性的準則。儘管兩漢以降的正統儒學在形式上一直揚孟抑荀，但荀子的如上致思趨向事實上卻從一個方面構成了其理論先導並深深地滲入了其價值體系之中。

心物之辯與天人之際

　　哲學的思考往往指向存在，而面向存在的沈思則可以有不同的路向。從儒學的歷史演進看，天道之域很早就成爲儒家所面對的問題之一，但相對而言，早期儒家對天道問題討論較少，孔子的學生便曾感嘆，「夫子之言性與天道，不可得而聞也」。（《論語‧公冶長》）宋明時期，隨著理氣、道器之辯的展開，天道問題亦受到了較多地關注。從哲學傾向看，理學有重理、重氣、重心之分，而就存在的考察方式而言，則似乎又有超驗與非超驗之別：如果說，從周敦頤的太極圖說到朱熹的太極圖說解更多地表現了超驗的進路，那麼，王陽明從心體出發考察存在，則表現了不同的思維趨向。

一、沉思存在的二重路向

　　周敦頤作太極圖，以此作爲宇宙演化的基本模式。[1]在《太極圖說》中，周敦頤對這一宇宙圖式作了如下概述：

　　　無極而太極。太極動而生陽，動極而靜，靜而生陰。一動
　　　一靜，互爲其根；分陰分陽，兩儀立焉。陽變陰合，而生
　　　水、火、木、金、土。五氣順布，四時行焉。五行，一陰
　　　陽也，陰陽，太極也；太極，本無極也。五行之生也，各

1　關於周敦頤太極圖中的宇宙模式與道教有無理論上的淵源關係，自南宋
　　以來即有不少學者作了種種考辯。本書不擬對此作出判定，此處我們的
　　興趣主要不在於太極圖的思想來源，而是其中表現出來的本體論思路。

一其性。無極之眞，二五之精，妙合而凝。乾道成男，坤
道成女，二氣交感，化生萬物。萬物生生，而變化無窮焉。
（《太極圖說》《周敦頤集》中華書局，1990年，第3—5頁）

關於無極而太極的具體涵義，爾後的哲學家有不同的理解，如陸
九淵認爲無極一詞源於老子，無極而太極之意與老子「無名天地
之始，有名萬物之母」相近；朱熹則認爲，無極主要表示太極「
無方所，無形狀」，並非太極之上還有一個無極；無極而太極指
無形而有理，（參見《答陸子靜》《朱文公文集》卷三十六）然
而，不管根據哪一種解釋，周敦頤的如上宇宙模式都設定了一種
超驗的存在：無極或無形之太極；這種超驗的存在又作爲終極的
根據而構成了宇宙之源。由無極衍生出陰陽之氣，陰陽之氣又分
化爲五行，由此進一步形成了四時的變化、萬物的化生。可以看
到，在周敦頤那裡，存在的考察與宇宙論難分難解地糾纏在一起。

周敦頤的如上思路，在朱熹那裡也得到了折射。在解釋周敦
頤的太極圖時，朱熹便指出：「此所謂無極而太極也，所以動而
陽，靜而陰之本體也。」（朱熹：《太極圖解》）與周敦頤相近，
朱熹在此亦將無極（太極）理解爲終極的存在（本體），並以此
本體爲陰陽之氣的本源。關於這一點，從朱熹的如下論述中可以
更清楚的看出：

二氣五行，天之所以賦受萬物而生之者也。自其末以緣本，
則五行之異本二氣之實，二氣之實，又本一理之極；是合
萬物而言之，爲一太極而已也。自其本而之末，則一理之
實，而萬物分之以爲體；故萬物之中，各有一太極，而小
大之物，莫不各有一定之分也。（《通書解・性理命章》）

由經驗現象之域（末）上溯，則萬物源於五行，五行產生於陰陽
二氣，二氣則又本於太極，故太極爲萬物的最終本源；自終極的

存在下推，則太極又散現於經驗對象。「本」「末」按其原意應屬本體論範疇，但在朱熹那裡，它們又與宇宙的生成過程聯繫在一起；本體與現象、存在與根據這一類本體論的問題，與宇宙的起源、演化、構成等宇宙論的問題彼此交錯，使朱熹對存在的考察與周敦頤一樣，帶有明顯的思辯構造意味。

當然，較之周敦頤，朱熹的存在理論上又有其自身的特點。與周敦頤基本上停留於宇宙的生成圖式有所不同，朱熹並不滿足於僅僅提供一幅宇宙論的世界圖景，而是試圖從質料與形式的關係上對存在作出進一步的說明。在朱熹看來，世界是一個有序的結構，其中理氣各有自身的定位：

> 天地之間，有理有氣。理也者，形而上之道也，生物之本，也；氣也者，形而上之器也，生物之具也。是以人物之生，必稟此理，然後有性；必稟此氣，然後有形。其性其形，雖不外乎一身，然其道器之間，分際甚明，不可亂也。
> （《答黃道夫》，《朱文公文集》卷五十八）

在萬物的形成過程中，理的作用類似形式因，氣則近於質料因；理作為事物的根據（形而上之道）構成了某物之為某物的本質，氣則賦予某物以具體的外部形態。理氣（道器）各有其功能，不可彼此越界（不可亂也）。

理氣作為生物之本與生物之具，雖不可亂，但在具體的對象（物）上，又彼此相依而不可相離：「所謂理與氣，此決是二物。但在物上看，則二物混淪，不可分開。」（《答劉叔文》《朱文公文集》卷四十六）有氣而無理，則物便缺乏內在根據；有理而無氣，則物便難以獲得現實性（「未嘗實有其物」）。廣而言之，亦可說，理與氣本身不可分：「天下未有無理之氣，亦未有無氣之理。」（《朱子語類》卷一）理與氣的這種相互聯繫，首先表

現爲一種邏輯關係：「既有理，便有氣；既有氣，則理又在乎氣
中。」（同上，卷九十八）從邏輯上說，既然理與氣是存在的二
個不可或缺的條件，則言理，氣便在其中（「有是理便有是氣」，
同上，卷一）；同樣，談氣，理亦包含於內（「但有此氣，則理
便在其中」，同上）。

　　由此，可以看到，朱熹對存在的考察大致表現爲二重向度，
即宇宙論的構造與準邏輯的推繹；前者（宇宙論的構造）側重於
從世界的生成、演化過程說明存在，後者則更多地是從理氣的邏
輯關係上規定存在。這二重向度儘管著重點不同，但又蘊含著一
種共同的趨向，即在人的認識活動（知）與實踐活動（行）之外
考察存在。這種就天道而論天道的進路，使朱熹很難擺脫思辯的
走向。從理論上看，處於人的認識與實踐領域之外的存在，可以
歸入本然界；對這種存在，我們除了說它是自在的或本然的外，
無法作出更多地說明，而所謂自在或本然，也是相對於人的知與
行而言。如果把注重之點僅僅指向這種處於知和行過程之外的本
然界，並試圖由此出發對存在作出說明，則總是無法避免思辯的
構造。在朱熹的「宇宙論地說」與「準邏輯地說」中，我們不難
看到這一點。

　　考察存在的超驗進路，也使朱熹的體系蘊含了難以克服的理
論困難。如前所述，朱熹上承周敦頤而以太極爲終極的本體（「
萬化之根」），作爲萬化之根，太極先於萬物並超然於萬物之上：
「太極者，象數未形，而其理已具之者。」（朱熹：《易學啓蒙》
卷二）這種看法很難避免世界的二重化。朱熹一再將作爲萬化根
本的太極與具體對象區分開來：「太極卻不是一物，無方所頓放，
是無極之極。」（《朱子語類》卷七十五）即太極超越於特殊時
空，無具體的時空規定（無形，無方所）。正是太極這種超然於

具體事物的性質，使之成為生物之本；一旦將其與具體事物混而
為一，則太極便不成其為萬化之根的本體：「殊不知，不言無極，
則太極同於一物，而不足為萬化之根。」（《答陸子靜》《朱文
公文集》卷三十六）在這裡，作為萬化之根的太極與有形有方所
的特殊對象便處於二個序列，前者（太極）屬形而上的本體界，
後者（物）則屬形而下的現象界；前者「是一個淨潔空闊的世界，
無形迹」（《朱子語類》卷一），後者則有形有迹而處於特殊的
時空之中。從太極到二氣、五行、萬物的思辯行程，只是提供了
一種宇宙生成的模式，而並沒有真正解決形上之域與形下之域的
對峙，如何統一這二重世界，是朱熹始終無法解決的理論難題。

　　「宇宙論」地說是如此，理氣關係的邏輯考察同樣一開始便
潛下了自身的問題。根據理與氣之間的邏輯關係，有理便有氣，
氣在則理亦含於其中，理氣無先後可言。然而，在朱熹那裡，由
超驗的前提出發，「宇宙論」地說與邏輯地說往往相互交錯，而
理氣在邏輯上的共存，與理氣的生成關係，亦常常糾纏在一起：
「太極生陰陽，理生氣也。陰陽既生，則太極在其中，理復在氣
之內也。」（同上）理生氣，是一種生成關係；有氣則理即在內，
則是一種邏輯關係。二者所指本不相同，但朱熹卻將其合而為一。
與之相應的便是理氣無先後與理氣有先後這種矛盾命題間的無窮
徘徊：「理與氣本無先後之可言，但推上去時，卻如理在先，氣
在後相似。」「此本無先後之可言，然必欲推其所從來，則須說
先有是理。」（同上）邏輯上的無先後與生成關係上的有先後構
成了一個思辯的怪圈，而循沿超驗的進路則始終難以走出這一怪
圈。

　　與朱熹所代表的超驗進路有所不同，王陽明對預設太極之類
的形上本體很少表現出興趣，他也無意在人的意識活動領域之外

對理、氣等關係作出規定。在王陽明那裡，對存在的考察總是與主體的意識聯繫在一起。就理而言，如果離開心去求理，便意味著析心與理爲二：「夫萬事萬物之理不外吾心，而必曰窮天下之理，是殆以吾心之良知爲未足，而必外求於天下之廣，以裨補增益之，是猶析心與理而爲二也。」（《王陽明全集》，第46頁，上海古籍出版社，1992年。以下簡稱《全集》）王陽明所批評的外吾心以求理，也就是把理視爲超驗的存在，並以之爲追求的目標，而這種追求的結果，則是將理與心隔裂爲二個序列。

　　按王陽明的理解，人所面對的世界，與人自身的存在有不可分離的關係：「人的良知，就是草木瓦石的良知。若草木瓦石無人的良知，不可以爲草木瓦石矣。豈唯草木瓦石爲然，天地無人的良知，亦不可爲天地矣。」（同上，第107頁）如後文將要詳論的，這裡主要不是在實存的意義上強調外部對象依存於人，而是著重指出草木瓦石的意義總是相對於人而言。天地、草木、瓦石本是自在的，作爲自在之物，它們本處於原始的混沌之中，亦無所謂天地之分，草木之別。天地作爲「天地」，草木作爲「草木」，其意義只是對人才敞開；就此而言，無人的良知（主體意識及其活動），便無天地、草木、瓦石（即這些對象不再以「天地」、「草木」等形式呈現出來）。這樣，依王陽明，人便不能在自身的存在之外去追問超驗的對象，而只能聯繫人的存在來澄明世界的意義；換言之，人應當在自身存在與世界的關係中，而不是在這種關係之外來考察世界。在王陽明的心物學說中，這一思路得到了具體的展開。

二、心與物：意義世界的建構

　　以人與對象的關係爲出發點，使王陽明難以懸空地去構造一

種宇宙的圖式，也無法以思辯的方式對世界的結構作邏輯的定位。在
王陽明那裡，物的界定總是關聯著心：

> 心之所發便是意，意之本體便是知，意之所在便是物。如
> 意在于事親，即事親便是一物；意在于事君，即事君便是
> 一物；意在于仁民愛物，即仁民愛物便是一物，意在于視
> 聽言動，即視聽言動便是一物。所以某說，無心外之理，
> 無心外之物。（《傳習錄上》《全集》第6頁）

如前所述，王陽明在要求理內化於心的同時，又肯定心體有其外
化的趨向，在這裡，意便是心體在外化過程中的顯現。此處之物
不同於本然的存在，本然的存在總是外在於主體意識（未為主體
所作用），作為「意之所在」的物，則是已為意識所作用並進入
意識之域的存在。意之在物既是一個意向（意指向對象）的過程，
又是主體賦予對象以意義的過程。對缺乏倫理、政治意識者來說，
親（父母）、君、民等只是一般對象意義上的存在，只有當心體
指向這種對象，親、君、民等才作為倫理、政治關係上的「親」、
「君」、「民」等而呈現於主體，亦即對主體來說才獲得「親」、
「君」、「民」等的意義。廣而言之，事親、事君、仁民、愛物
等實踐活動亦是一種存在，這種存在從邏輯上看始終無法離開主
體意識的範導；相應地，它們也只有在意識之光照射其上時，才
獲得道德實踐的意義。

可以看到，意之所在即為物，並不是意識在外部時空中構造
一個物質世界，而是通過心體的外化（意向活動），賦予存在以
某種意義，並由此建構主體的意義世界；而所謂心外無物，亦非
指本然之物（自在之物）不能離開心體而存在，而是指意義世界
作為進入意識之域的存在，總是相對於主體才具有現實意義。不
難發現，這種意義世界不同於形而上的本體世界：它不是超驗的

存在，而是首先形成並展開於主體的意識活動之中，並與人自身的存在（existence）息息相關。王陽明將存在的考察限定於意義世界，與程朱從宇宙論的角度及理氣的邏輯關係上對存在（being）作思辯的構造，確乎表現了不同的思路：它在某種意義上可以看作是一種本體論的轉向。[1]

　　從魏晉時期開始，存在的考察便與體用問題聯繫在一起。在體用關係上，王陽明肯定二者具有不可分離的關係：「即體而言用在體，即用而言體在用，是謂體用一源。」（《傳習錄上》《全集》第31頁）本體與現象並不是二重世界，體用一源而無間。以此為原則，王陽明對心物關係作了進一步的規定：

> 意之所用，必有其物，物即事也。如意用于事親，即事親為一物；意用于治民。即治民為一物；意用于讀書，即讀書為一物；意用于聽訟，即聽訟為一物。凡意之所用，無有無物者，有是意即有是物，無是意即無是物矣，物非意之用乎？（《傳習錄中》《全集》第47頁）

這裡的物，並不是主體之外的本然存在，而是通過主體的意向活動而形成的「人化」世界，亦即對主體呈現為某種意義的存在。就意義世界的建構而言，精神是體，而意義世界則是用：主體正是通過意向活動而使對象進入意識之域，亦即化本然之物為意義世界中的存在。此處之意義世界乃是相對於個體而言，對象的存在並不因個體而轉移，但它對個體所呈現的意義卻與主體及其意

1　牟宗三認為，在王陽明那裡，良知「亦是一切存在之存在有論的根據，由此，良知亦有其形而上的實體之意義。」（《從陸象山到劉蕺山》第223頁）這一看法似乎未能將意義世界的根據與形而上的存在有論之根據區分開來，從而亦未能真正把握王陽明在本體論上實現的轉向。

識活動相關。對缺乏道德意識的個體來說，親子關係就不具有道德的意義；對沒有治國觀念的個體來說，治民也不具有政治實踐的意義。就此而言，似乎也可以說，有某意，才有相應的「物」（呈現爲某種意義的物），「無是意即無是物」。

當然，意義世界並不僅僅表現爲意向活動的產物，在王陽明那裡，意指向對象的過程，同時也就是事親、事君的實踐過程。作爲心之所發，意首先發於道德踐履之中：「心外無物。如吾心發一念孝親，即孝親便是物。」（《傳習錄上》《全集》，第24頁）而意之所在，亦首先在於這種實踐過程。這樣，物已不僅僅是靜態的對象，而是與主體的活動息息相關。事實上，在王陽明那裡，事與物已被打通：物常常被理解爲事，所謂「物即事也」（同上第47頁）即表明了這一點。意指向本然之物，誠然化本然的存在爲意義世界中的對象，但此時意義世界還主要是意識中的存在。惟有通過切實而行的過程，意義世界才能進一步獲得現實性的品格。這樣，意之所向與實際踐履便有了一種內在的聯繫：「意未有懸空的，必著事物，故欲誠意則隨意所在某物格之。」（《傳習錄下》《全集》第91頁）所謂「格之」，在此即是一種身體力行的實踐。意指向對象，使本然的存在獲得了人化的意義（如自然的血緣關係上的親子成爲倫理意義上的對象），而事親、事君的道德踐履，則現實地建構起親子、君臣之間的倫理關係。物與事的溝通，使心學的側重點由超驗的自在之物轉向實踐中的對象；意向活動與道德踐履的相融，則使意義世界的建構超越了化對象爲意識的向度。

以上所涉及的，主要是道德之域。意義世界當然不僅僅是一個倫理的世界，它有著更廣的內涵。在談到良知與天地萬物的關係時，王陽明便認爲：「良知是造化的精靈。這些精靈，生天生

地，成鬼成帝，皆從此出，眞是與物無對。」（《傳習錄下》《全集》第104頁）這裡的生天生地，並不是一種宇宙論上的生成關係，而是心體與對象之間的意義關係。在心體之外，天地固然依舊存在，但這是一種本然的、未分化的「在」；天地之分，或天地呈現爲如此這般的存在，離不開心體（良知）的靈明知覺，所謂「皆從此出」，便是指「天」、「地」之意義源於心體（由心體賦予）。從這種意義關係上看，心與物並不呈現爲二個對立的序列：進入意義世界的天地等物，與心體（良知）難以截然分離（在心體之外，天地不再呈現爲意義世界中的「天地」），就此言，二者確乎「無對」。

　　王陽明的以上看法，在當時並沒有得到普遍的理解，即使其門人，亦有時而提出質疑。《傳習錄下》有如下記載：

> 先生遊南鎭，一友指岩中花樹問曰：天下無心外之物，如此花樹，在深山中自開自落，于我心亦何相關？先生曰：你未看此花時，此花與汝心同歸于寂。你來看此花時，則此花顏色一時明白起來。便知此花不在你的心外。（《全集》第107—108頁）

質疑者的關注點，與王陽明對存在的規定，顯然處於不同的問題域。關於心與花同歸於寂的問題，這裡暫且不議，留待後文詳論。所謂花自開自落，著眼的是本然的存在；花的顏色明白與否，則是相對於觀花的主體。就本然的存在而言，花之開與花之落與心體似乎並不相干；但花究竟以何種形式呈現出來，亦即花究竟對主體來說具有何種意味，則很難說與心體無關：花的顏色鮮亮（明白）與否，已涉及花的審美形式，這種形式並不是一種本然的存在，它只有對具有審美能力的主體來說才有意義，誠如馬克思所指出的：「對於沒有音樂感的耳朵說來，最美的音樂也毫無意

義。」（《1844年經濟學哲學手稿》人民出版社，1985年，第
82頁）當王陽明說「此花不在你的心外」時，似乎更多地是就以
上的意義關係而言。

　　意義關係中的存在，當然不限於花的審美形式；廣而言之，
它也顯現於人與天地萬物的關係之中：「我的靈明，便是天地鬼
神的主宰。天沒有我的靈明，誰去仰他高？地沒有我們靈明，誰
去俯他深？鬼神沒有我的靈明，誰去辨他吉凶災祥？天地鬼神萬
物離卻我的靈明，便沒有天地鬼神萬物了。」（《傳習錄下》《
全集》第124頁）以我的靈明爲天地萬物的主宰，是接著良知爲
造化的精靈而說的；與良知之「生天生地」一樣，這裡的主宰並
不是就我的靈明決定天地萬物的存在及運動變化而言，而是指天
地萬物由本然的存在成爲意義世界中的存在，離不開「我」以及
我的意識活動。作爲自在之物，天無所謂高或低；只是相對於我，
天才呈現爲高。離開了我，天固然依然存在，但它所呈現於我之
前的高（對我來說它所具有的高），則不復存在。就此言，可以
說，「天沒有我的靈明，誰去仰他高？」

　　王陽明關於意義世界的如上析辯，曾使他的一些門生感到不
解。《傳習錄下》記載了其門人的問難：「天地鬼神萬物，千古
見在，何沒了我的靈明，便具無了？」對此，王陽明作了如下回
答：「今看死的人，他這些精靈游散了，他的天地萬物尚在何處？」
（《全集》第124頁）如同花自開自落，與心有何相關的質疑一
樣，以上問難基本上仍以宇宙論爲其立場，它所側重的，是人之
外的本然意義上的存在。與之相異，王陽明所關注的，首先是「
他的」世界（「他的天地萬物」），這種世界，也就是屬於人的
意義世界。作爲自在之物的天地萬物，其存在變化並不以人爲轉
移。然而，意義世界卻總是有其相對性的一面。天地萬物與不同

的個體，往往構成了不同的意義關係；換言之，對不同的主體，天地萬物常常呈現出不同的意義。從某些方面看，似乎也可以說，每一個人都有一個屬於「他的」世界，[1] 而當他走向生命終點時，屬於他的意義世界也即同時趨於終結，而此時，王陽明似乎亦有理由反詰：「他的天地萬物尚在何處？」

　　至此，王陽明主要強調了主體（我）在意義世界建構中的作用。作爲一個過程，意義世界的形成並不是一種憑空的構造，也不同於納維勒（C.Neville）所謂「本體論的創造」（ontological creation）。在本體論的創造中，超驗的本體與源於此本體的對象之間具有不對稱的關係。[2] 在程朱理學中，這種不對稱的關係往往表現爲太極—陰陽—五行—萬物之類的單向決定。相對於此，意義世界的建構則展示了不同的特點。如前所述，王陽明曾認爲：「你未看此花時，此花與汝心同歸於寂。」這裡的「同歸於寂」頗可玩味。就意義世界的建構而言，心固然爲體，意義世界則爲用，但心體本身的意向活動亦離不開對象；無心體對象誠然無從進入意義世界，但無對象，心體的作用也無從展開：當二者未相遇時，便只能同歸於寂。事實上，化本然的存在爲意義世界中的存在，改變的主要是對象的存在方式，而這種改變，本

1　海德格爾曾對大地與世界作了區分，大地是無對、無界的，世界則使大地有了界、有了對。人們總是在大地之中，尋找自己的意義世界。（Martin Heidegger: Basic Writtings, London, 1993, PP139-212）王陽明所謂「他的天地萬物」，其義近於這種分化了的（屬人的）世界。

2　參見 R.C.Neville: The Chinese Case in a Philosophy of World Rel igions, in Understanding The Chinese Mind, Oxford University press, 1989, PP48-74.

身亦要以對象某種意義上的「自在」爲前提。從這一角度看，心體的作用對對象世界也具有某種依存性。王陽明似乎也注意到了此種關係，從以下所論，便多少可以看到這一點：「我的靈明離卻天地萬物鬼神，亦沒有我的靈明。如此便是一氣流通的，如何與他間隔得？」（《傳習錄下》《全集》第124頁）此所謂無天地萬物則無我的靈明，似有二重含義：其一，在意義關係中，心體與對象不可相離，無心體固然物不成其爲意義世界中的物，無對象則心體（靈明）亦不復爲關係中的心體；其二，心體不能完全在對象世界外憑空造作。這樣，心物之間似乎便有了一種互爲體用的關係：就自在之物惟有在意向活動中才能轉化爲意義世界中的爲我之物言，心爲體，物爲用；就無天地萬物亦無我的靈明言，則物爲體，心爲用。正是在後一意義上，王陽明認爲：「心無體，以天地萬物感應之是非爲體。」（同上，第108頁）

　　王陽明以意向活動聯絡心與物，從存在的超越考察轉向了意義世界的構造，其思路在某些方面與胡塞爾有相近之處。這當然並不是說，王陽明已提出了一種類似胡塞爾的意向理論。此所謂相近，首先是指二者都試圖揚棄存在的直接被給予性。胡塞爾區分了絕對的被給予性與非絕對的被給予性：

　　　　我們承認純粹思維的被給予形是絕對的，然而外部的知覺中事物的被給予性不是絕對的，儘管這種外部的知覺認爲事物本身具有存在特性。（胡塞爾《現象學的觀念》，上海譯文出版社，1986年，第45頁）

所謂絕對的被給予性，是指經過本質還原與先驗還原之後所達到的被給予性，非絕對被給予性則是由知覺所提供的直接的被給予性，後者在一定意義上也就是對象的自在性。按胡塞爾的看法，對象的直接被給予性對意識來說具有超越性（自在的對象總是在

意識之外而超越意識），而「事物的超越使我們對事物產生懷疑」。
（同上）因之，存在的考察不能從直接的被給予性出發，所謂回
到事物本身乃是回到絕對的被給予性。為此便須揚棄直接的被給
予性，而這一過程首先與意向活動相聯繫。意向活動從某一角度
看也就是一個化對象為意識的過程：當意識指向對象時，對象便
開始由自在的形態，轉換為意識中的存在。由此進而展開的本質
還原與先驗還原，則意味著進一步揚棄經驗的直接性而達到純粹
意識。不難看出，在這一系列的過程中，主體逐漸由直接被給予
的存在，走向了意識所構造的存在。王陽明將本體論的重心由宇
宙論意義上的超驗存在轉向作為意之所在的物（意義關係中的存
在），其特點亦在揚棄存在的直接被給予性（自在性），在這方
面，王陽明的思路確乎近於胡塞爾。

　　不過，在相近的形式下，二者又蘊含著深刻的差異。作為現
代西方哲學家，胡塞爾深深地浸染著西方近代注重認識論的傳統，
從胡塞爾對先驗現象學任務的規定中，我們不難看到此點：「闡
明真實存在和認識之間的這種關係，以及探討行為、含義、對象
的相互關係，這便是先驗現象學（或先驗哲學）的任務。」（參
見同上書第4頁）與這一前提相應，胡塞爾對非絕對被給予性的
揚棄，亦較多地著眼於認識論。在胡塞爾看來，如果把認識的對
象視為意識之外的「超越之物」，那麼，客觀的認識便不可能，
因此，認識應當「排除一切超驗之物」（同上，第36—38頁）
這裡的超越便是指自在性或直接的被給予性。現象學的基本認識
論立場，即是肯定：「在純粹現象的直觀中，對象不在認識之外，
不在意識之外。」（同上，第38頁）與之相應，作為認識出發點
的絕對被給予性，便是認識的自我構造：「我們認為被給予性就
是：對象在認識中構造自身，……一般對象本身只存在它與可能

認識的相互關係中。」（同上，第63—64頁）與胡塞爾不同，王陽明關注的首先是實踐理性和倫理秩序。所謂意之所在即為物，便是化本然的對象（如自然血緣意義上的親子）為道德關係中的存在：事親事君的踐履，最終指向倫理一政治秩序的建構；而把天地萬物轉換為意義世界中的為我之物，則是人文關懷的泛化。

　　從另一方面看，在胡塞爾那裡，揚棄非絕對的被給予性與其拒斥心理主義的立場有著內在聯繫。與之相關，經驗在胡塞爾的體系中往往難以立足。胡塞爾提出了所謂懸置判斷，他所要懸置的不僅是外部存在，而且也包括感性的經驗，由此而出發的還原，則意味著從經驗意識走向超越的純粹意識。與以上前提相聯繫，胡塞爾所理解的主體，也帶有某種超驗的意味。他一再批評心理主義的經驗主體性觀念，強調作為主體的「我」並不是我們在日常生活和實證科學的自然觀中發現的那種「我」，而是通過懸置和還原而達到的先驗純粹的主體性：「先驗現象學家則通過他的絕對普遍的懸擱把心理學純粹的主體性還原成為先驗純粹的主體性。」（《現象學的方法》上海譯文出版社，1994年，第179—181頁）胡塞爾對心理主義經驗主體性的批評，自有其理論上的意義，但他由此而引出先驗的純粹主體，則似乎又走向了思辯哲學。[1] 相對於胡塞爾，王陽明對經驗則表現出更多的寬容性。如前所述，心體的重建，已意味著對超驗性的偏離，以之為前提，王陽明對意亦作了較為廣義的理解：它不僅以知為體，而且內在地包含著情感等經驗內容，由此展開的意向活動，也始終滲入了經驗意識。同時，在王陽明那裡，意向活動總是與事親事君等實

1　胡塞爾在晚年提出了生活界的概念（參見《歐洲科學的危機與超驗現象學》），對先驗哲學的思辯性多少有所限制。

踐相互交融，而實踐活動也總是有其感性的、經驗的一面。如果說，在現象學所謂純粹意識的層面，主體可以用理想化的還原方式，將經驗的內容完全加以淨化，那麼，作為意向性與實踐性的統一，主體卻不可能像胡塞爾所理解的那樣，獲得純粹的、超驗的規定。

除胡塞爾外，另一個常被用來與王陽明作類比的哲學家是貝克萊。貝克萊曾有如下名言：

> 天上的星辰，地上的山川景物，宇宙中所含的一切物體，在人靈外以外都無獨立的存在；它們的存在就在于其為人心靈所感知。（《人類知識原理》，商務印書館，1973年，第22頁）

這一論點常常被概括為：「存在即被感知」。初初看去，貝克萊的「存在即被感知」與王陽明的「意之所在便是物」似乎頗多類似之處。不過，若作進一步的考察，則可發現，二者實難簡單等同。貝克萊所謂感知，首先是指感覺，王陽明的「意」，其內涵則更為複雜；作為心體的表現形式，它以知為體，又表現為主體意向，而與知和意向相互融合的，則還有情感等。貝克萊以感覺為第一原理，而感覺作為存在的第一原理，主要並不是體現於感覺與對象之間的意義關係中，它所關聯的是存在與非存在問題；換言之，在貝克萊那裡，感覺主要不是意義所以可能的條件，而是存在所以可能的條件。貝克萊曾舉例說：「我寫字用的這張桌子所以存在，只是因為我看見它，摸著它。」（同上，第21頁）這裡涉及的，已不是對象（如桌子）對主體呈現為何種意義，而是對象是否存在。相形之下，王陽明對有無、生成等問題較少表現出興趣，他關注的重心首先是心體與對象的意義關係。如果說，貝克萊以感覺為存在所以可能的條件，仍是以思辯的方式構造存

在，那麼，王陽明則由存在的構造轉向了意義世界的構造。

　　對存在的思辯構造，往往很難避免形而上的虛構。貝克萊以我的感覺爲存在所以可能的條件，在邏輯上蘊含著如下困難，即它無法與存在的連續性這一事實相容。如果對象僅僅依存我的感覺，則感覺發生，對象才存在，感覺消失，則對象亦不復存在，這樣，對象便只有方生方滅的間斷性，而缺乏連續性。爲了說明存在的連續性，貝克萊不得不設定其他感覺主體的存在，並由此進而引出了「無限的精神實體」：當我和其他主體沒有感知對象時，對象的存在乃是依存「無限的精神實體」的感知。貝克萊的這種超驗預設，使其體系在理論上很難達到內在的自洽：存在即被感知的命題如果貫徹到底，則無限的精神實體之預設便無法成立。事實上，以思辯的方式構造存在，總是難以完全克服這種理論困難。反觀王陽明的心學體系，由於他的興趣從宇宙論上的有無、生成等轉向了意義世界，終極存在的構造已在其問題域之外，因之，他既不必在心體之外設定某種形而上的實體，也無需面對由此導致的內在理論困難。

　　當然，王陽明對存在的考察路向也有自身的問題。他以意義世界爲關注之域，而在「意之所在便是物」這樣的界說中，他所強調的，更多地是心體在賦予意義中的作用；在作爲用的意義世界與作爲體的心這二者之中，王陽明往往較多地注重後者（心體）在構造前者（意義世界）中的作用。由此出發，對象的自在性往往容易被淡化。事實上，意義世界中的對象既是爲我之物，又有其自在性；就其進入意義世界而言，它是意義關係中存在，但它又並非完全同化於關係，忽視了其外在於關係（自在性）這一面，常常容易將其限定於意識之域。同時，王陽明對物與事作了溝通（「物即事也」），這固然注意到了意向活動與實踐活動的聯繫，

但以事爲物，亦使作爲對象的客體無從定位。王陽明以心體立論，在理論上似乎很難避免以上偏向。

三、天人之際：存在與境界

意義世界總是表現爲一種人文的世界。作爲自然的人化，人文世界同樣涉及天與人的關係。如前所述，王陽明認爲，在化本然世界爲意義世界的過程中，良知與萬物表現爲一種「無對」的關係，而無對則意味著一體無間。廣而言之，這種關係普遍地內在於天人之際：

> 人心與天地一體，故上下與天地同流。（《傳習錄下》《全集》，第106頁）

> 蓋天地萬物與人原是一體，其發竅之最靈處，是人心一點靈明。風、雨、露、雷、日、月、星、辰、草、木、山、川、土、石，與人原只一體。故五穀禽獸之類，皆可以養人，藥石之類，皆可以療疾。（同上，第107頁）

此所謂天地萬物，是已進入人的生活世界的自然：山川草木，日月星辰本是自在之物，但作爲人生存的條件，又已融合於人的世界，並與人息息相關。在這裡，天與人的統一，乃是以人化過程爲前提：所謂人心是其發竅之最靈處，便潛含了意識之光對天地萬物的投射，而以五穀養人、以藥石療疾則體現了人對自然之物的作用，正是在一過程中，人與萬物的一體無間具有了現實性。

從哲學史上看，天人一體的觀念當然並非源出於王陽明。早在先秦，儒、道已從不同角度提出了類似的思想；王陽明以前理學家亦對此作了多方面的闡發，其中尤爲值得注意的是程明道（程顥）的看法。程明道一再強調：「天人本無二，不必言合。」（《二程遺書》卷六）在著名的《識仁篇》中，程明道亦以與物

同體爲其仁學的中心思想：「學者須先識仁。仁者，渾然與物同體。」（同上，卷二上）王陽明的「無對」「一體」諸說，與之無疑相通（事實上，《識仁篇》中便已有「此道與物無對」等語）。不過，程明道似乎更多地把與物同體理解爲一種本然的狀態，所謂「天人本無二」，便已突出了此點。而天人所以本無二的根據，又被追溯到了超驗之理：

> 所以謂萬物一體者，皆有此理，只爲從那裡來。（《二程遺書》，卷二上）

> 故有道有理，天人一也，更不分別。（同上）

依照以上的邏輯推論，則天人合一便以理爲終極之源：天人所以一體，是因爲二者皆出於理。對天人關係的這種規定，與程朱考察存在的方式有著內在的一致性；由理到物（人）的本體論—宇宙論向度，似乎構成了天人一體的邏輯前提。這種思路與王陽明有所不同。王陽明沒有在天人之上再設定一個超驗之理，與之相應，人與萬物之無對也並不以天人之上的超驗天理爲其終極根據：它乃是以作爲心體外化的人文世界作爲背景。

在人化世界的背景中講天人合一，更多地是就存在狀態而言。對王陽明來說，人之與物無對，不僅僅是一種存在形式，它更與主體的境界相聯繫。作爲存在的形式，對象固然處於意義關係之中，因而無物我之分、內外之別，但主體並非一開始便體認到了這一點。只有通過致良知的功夫，才能逐漸達到內外兩忘的境界：

> 我這裡功夫，不由人急心認得。良知頭腦，是當去撲實用功，自會透徹。到此便是內外兩忘，又何心事不合一？

> （《傳習錄下》《全集》第105頁）

「內外兩忘」一語亦見於程明道的《定性書》，不過，二者側重似有所不同。程明道之內外兩忘，首先針對「非外是內」而發：

「與其非外而是內，不如內外之兩忘也；兩忘則澄然無事矣。」
（《河南程氏文集》卷二）他所批評的是專注於內在之性而以應
物為累的路向。王陽明則既反對重內而輕外，亦拒斥了執著於外
物而遺忘心體；換言之，在王陽明那裡，內外兩忘意味著破除內
外之分，物我之別，從而達到我與萬物為一體的精神境界。

　　境界與意義世界有相互關聯的一面，但二者又並不完全重合。
意義世界在廣義上可以看作是人化的世界，其意義不僅僅相對於
主體而言，而且總是展現於主體間：通過意向活動及道德實踐而
建構起來的人倫關係、道德秩序等等，都並非只對個體才具有意
義，而是帶有某種公共的性質。相對而言，境界更多地與主體的
精神狀態相聯繫，它固然也體現於外在的行為過程，但它首先表
現為內在的仁智之境。與之相應，境界總是和個體的存在不可分
離：境界在一定意義上也就是主體的精神世界。一旦達到內外兩
忘之境，則主體便能「精神流貫，志氣通達，而無有乎人己之分，
物我之間。」（《傳習錄中》《全集》第55頁）這是一種自我精
神的提升。在這種精神境界中，主體與主體（人己）之間，主體
與對象（物我）之間不再呈現為相互對峙的二重序列，自我似乎
內不覺其一身，外不察乎宇宙，小我與大我完全一體無間。

　　從這一前提反觀王陽明的心外無物論，便不難理解，這既是
本體論，又是境界說。就本體論言，意之所在便是物（意義世界
中的存在離不開意向活動）；從境界的角度看，內外合一，心物
無間。總起來便是：「本體原無內外。」（《傳習錄下》《全集》
第92頁）可以看到，在王陽明那裡，存在與境界，本體論與境界
說呈現為交融互滲的關係。意義世界中的存在既外化為倫理─政
治秩序，又具有內在的境界意味；內外兩忘，心物無間的境界則
總是與主體的存在合一，並展示於存在的各個向度。由此，王陽

明可以說：「天地萬物，俱在我良知的發用流行中，何嘗又有一物超於良知之外，能作得障礙？」（同上，第106頁）這是意之所在便是物的引伸，又是破除物我對待之後達到的內在境界，它體現了存在與境界的統一。

　　境界可以有不同的內涵。馮友蘭曾將境界區分為四種，即自然境界、功利境界、道德境界、天地境界。從某些方面看，王陽明的內外兩忘、物我無間之境，頗近於所謂天地境界，但就總的體而言，其內在精神更合乎道德境界；從王陽明的如下闡發中，即不難看出此種趨向：

> 大人者，以天地萬物為一體者也，其視天下猶一家，中國
> 猶一人焉。若夫間形骸而分爾我者，小人矣。大人能以天
> 地萬物為一體者也，非意之也，其心之仁本若是，其與天
> 地萬物而為一也。（《大學問》《全集》第968頁）

天下一家、無分爾我與張載在《西銘》中提出的民胞物與（民吾同胞，物吾與也。）大體一致，其基本思想是超越自我中心，以仁道的原則處理主體間關係。王陽明以此作為天人合一、萬物一體的具體內容，意味著將物我兩忘、萬物一體之境主要理解為一種道德境界。這種境界說，無疑體現了人文關懷與仁道原則相統一的儒學傳統。

　　王陽明以內外兩忘、物我無間打通了存在與境界，並將存在的體認與境界的提升統一起來，其思路確乎有值得注意之處。哲學不能回避存在的問題，無論是古希臘以來的西方哲學，還是先秦以後的中國哲學，儘管考察方式不同，但都經歷了對存在無盡的追問。這種追問與思辯的構造相結合，往往導致終極存在的設定；與語言分析相結合，則走向斯特勞森（P.T.Strawson）所謂分析的形而上學或描述的形而上學（Descriptive Matephisics）。

1

前者是實質的（涉及內容的），但又作了超驗的本體論承諾；後者拒斥了超驗的本體論承諾，但又是無內容的（形式的）。王陽明溝通存在與境界，走的是一條不同的本體論之路。它沒有離開現實的存在（特別是人的存在），從而不同於準形式化的邏輯分析；但又與思辯的構造保持了一定的距離，從而避免了過多的本體論承諾。

　　不過，以天人合一或內外兩忘、物我無間為本體論思路，亦蘊含著自身的問題。在天人、物我之間言合，固然揚棄了天人之間的緊張與對峙，但僅僅以一體無間界定這種關係，也往往使對象的自在性難以落實：當我我無間時，對象的「為我而在」似乎消融了其「自在」。在意義世界的建構中，這一點已經顯露出來，而內外兩忘則使這一趨向表現的更為明顯。誠然，作為境界，一體無間更多地體現了主體的精神向度與人生體驗，它對於超越自我中心無疑有重要意義，但境界與存在完全合一時，這種精神體驗往往也被視為存在的規定，從而模糊心物的界限。

　　自人從自然分離出來以後，天人、心物關係便開始了其綿綿相延的歷史。這一歷史過程的起點——天與人的分離頗有意味，它一開始便決定了天人關係的複雜性。分離以原始的統一為前提：從終極的意義上看，天人之分，是存在的自我分化。但既分之後，則又由無對而走向了有對。這種有對是一個歷史事實，執著於有對，當然會衍生各種問題，如近代以來的以人類宇宙中心、工具理性過度膨脹、技術專制等等，都與之有關，但一味拒斥有對，

1　參見斯特勞森（P.T.Strawson）：Individuals, London, 1959.

將主客之分，天人之別都視爲理性的失誤，亦往往將導向追求原始的合一。這既是非歷史的，又帶有浪漫的空幻色彩。[1]天人之間的有對固然應當超越，但作爲一種既成的歷史事實，它又無法回避。有對的化解，本身必須以正視這種有對爲前提；惟有承認作爲歷史事實的有對，才能既切入人道，又把握天道，在認識自己和認識世界中進一步超越二者的對峙。人並非僅僅存在於精神世界中，人也不能完全滿足於在意識之域的體驗中達到內外兩忘。從更廣的視域看，超越有對而走向無對，還具有現實的歷史內容：無對並不是回到原始的混沌，它所指向的，是人與自然在更高歷史層面的統一，而這種統一，又以天人的某種有對爲前提：它總是伴隨著人（作爲主體的人）對世界（作爲對象的世界）的認識與作用。

　　王陽明在肯定天人無對、無間、一體、合一的同時，對二者的有對似乎缺乏必要的意識。在他那裡，人所面對的，總是一個通過意向活動而人化的世界，在這一世界中，天人之間呈現爲一體無對的關係；而就個體的精神之域言，內外兩忘則構成了其追求的理想之境。這樣，無對便似乎消融了有對，而當主客、天人之分歸於兩忘時，對象世界的認識便難以落實。事實上，從「無有人己之分，物我之間」中，王陽明引出的結論正是：「知識技能非所與論也。」（《傳習錄中》《全集》第55頁）在這方面，王陽明對物我、天人關係的理解，無疑又有其自身的內在弱點。

　　與本體論——宇宙論的存在考察路向不同，王陽明將存在的

1　當海德格爾對詩意地棲居大地反覆加以讚美時，固然表現了超越技術社會種種「有對」的意願，但同時亦蘊含了將「無對」之境過於浪漫化、理想化的趨向。

追問與意義世界聯繫起來，在人自身的存在過程中澄明世界的意義，從而避免了對超驗本體的過多承諾，並表現出統一本體論與價值論、倫理學的趨向。心物之辯中對意義關係的注重，進一步引伸爲內外兩忘的境界，而存在與境界的統一，則使天人之際從有對走向了無對。這一思路揚棄了天人、物我之間的緊張與衝突。然而，物我無間之境固然在提升主體精神上具有不可忽視的作用，但以境界中的內外兩忘爲化解有對的方式，則又使超越有對的過程失去了更爲具體的歷史內容：天人在精神世界中的一體無間，消解了對外在世界的認識與歷史實踐。以心體出發定位存在，使王陽明始終未能看到，天人之際從有對到無對的演進，是一個在認識與實踐中不斷重建天人統一的歷史過程。

超越名言

　　存在的探尋總是關聯著名言之域與超名言之域：無論是內在的心體，抑或普遍之道，其「得」（達到）和「達」（表達）都難以離開名言的作用。心體與道能否說以及如何說，「說」與「在」如何定位，等等，對這些問題的思考，同時也使心學在更深的層面得到了展開。

一、心體與言說

　　王陽明以成聖爲終極的追求。從形而上的層面看，走向理想之境（成聖）與重建心體有其邏輯的聯繫：心體作爲內在的本原而構成了成聖的根據。在王陽明的心學系統中，心體與良知往往處於同一序列，致良知與知行的互動同時亦意味著對心體的體認。從總體上看，致良知與知行的互動固然更多地側重於歷時性的過程，但這一過程同樣亦涉及言說與體認、名言與對象等邏輯的關係。

　　按王陽明的理解，心體作爲本原，表現爲一個統一體：「心，一而矣。以其全體惻怛而言謂之仁，以其得宜而言謂之義，以其條理而言謂之理。」（《傳習錄中》《全集》第43頁）致良知的終極目標，即在於達到心之全體。然而，概念與言說則往往限於某一個側面，因而執著於名言，常常難以把握心體。正是在此意義上，王陽明認爲：「心之精微，口莫能述。」（《答王天宇》，《全集》第164頁）這裡已涉及心體與言說的關係：心體主要不

是言說的對象。

以名言去把握心體，主要表現爲理性的辯析、理解過程。在王陽明看來，對心體固然要達到理性的明覺，但這種理性的明覺並非僅僅依賴於名言的辯析，它更多地與體認和心悟相聯繫。王陽明常常以啞子吃苦瓜爲喻，來說明這種非名言所限的體悟：「啞子吃苦瓜，與你說不得。你要知此苦，還須你自吃。」（《傳習錄上》，《全集》第37頁）「說」是以名言來表達，「說不得」，意味著難以用名言來表達。作爲一個「說不得」的過程，自悟具有超名言的性質，而所悟的對象（心體）則亦似乎被置於超名言之域。

名言之域（可以「說」之域）與非名言之域（說不得之域）的區分，當然並非始於王陽明，老子提出「道可道，非常道；名可名，非常名」，（《老子》第一章）其中已蘊含了對可說（可道之域）與不可說（不可道之域）的劃界。在老子那裡，可說之域與不可說之域的劃界，邏輯地對應於爲學與爲道的過程；爲學過程指向可說之域，爲道過程則指向不可說之域。可說之域主要與日常的知識經驗界相聯繫，不可說之域則往往被理解爲形而上之道。與老子不斷地追問形而上之道有所不同，王陽明更多地將不可說的心體與個體的存在聯繫起來。

如前所述，心體的意義首先體現於成聖過程。從成聖的理想出發，王陽明上承了儒家區分爲己之學與爲人之學的思路。前文（第五章）已提及，爲己以成己爲目標。從人格培養的角度看，心體作爲成聖的根據，總是具有普遍性的一面，成己即意味著使具有普遍性品格的心體與個體的存在合一，並通過對心體的自悟而成就人的內在德性。這種爲己的過程，也就是使心體實有諸己的過程。與之相對，名言的辯析則往往以成就知識爲特點，就其

與心體的關係而言，它首先將心體視爲理解的對象，從而使二者的關係呈現爲能知與所知相互對待的格局。基於如上看法，王陽明一再強調要有爲己之心：「今之學者須有篤實爲己之心，然後可以論學。不然，則紛紜口耳講說，徒足以爲人之資而已。」（《與汪節夫書》，《全集》第1001頁）在心體的對象化形式下，對心體的言說往往引向了語義的解析，從而不免偏離成就德性的指歸。王陽明曾對此提出如下批評：「吾契但著實就身心上體履，當下便自知得。今卻只從言語文義上窺測，所以牽制支離，轉說轉糊塗。」（《答友人問》《全集》第208—209頁）就身心上體履表現爲一個爲己的過程，言語文義上窺測，則執著於知識層面的理解，後者往往流於炫人以文辭，從而導向爲人之學。

　　心體的設定在於爲成己提供根據，言說則趨向爲人；成己要求化心體爲自我的人格，言說則導向化心體爲對象。與如上對峙相聯繫的，是口耳之學與身心之學的分野。關於口耳之學，王陽明有如下評論：

今爲吾所謂格物之學者，尚多流於口耳。況爲口耳之學者，能反於此乎？天理人欲，其精微必時時用力省察克制，方日漸有見。如今一說話之間，雖口講天理，不知心中倐忽之間已有多少私欲。蓋有竊發而不知者，雖用力察之，尚不易見，況徒講而可得盡知乎？今只管講天理來頓放著不循；講人欲來頓放著不去，豈格物致知之學？後世之學，其極至，只做得義襲而取的工夫。（《傳習錄上》，《全集》第24—25頁）

口引伸爲說，耳則借喻爲聽，言說作爲交往過程總是包含「說」與「聽」，言說需要聽者的回應，聽則是進行對話的前提。在言說過程中，說與聽都首先涉及話語意義的辯析，其目標在於達到

知識層面的理解。此時，主體常常耳聽而口說，所謂入乎耳而出乎口；其所說所聽，並未化爲內在的人格。唯其如此，故雖在語義的層面能明於理欲之辯，但仍不免有私欲。質言之，外在的言說儘管能達到關於對象的知，但卻不能擔保內在精神世界的完善；口講與心悟有其邏輯上的距離。

　　與口耳之學相對的是身心之學。當王陽明將「身心上體履」與「文義上窺測」視爲格物致知的二種不同方式時，亦已表現了對身心之學的肯定。從內涵上看，所謂身心之學包含相互聯繫的二個方面。其一，與入乎耳出乎口不同，它以身體力行爲自悟的前提，將心體之悟，理解爲實踐過程中的體認（表現爲「體」與「履」的統一）；其二，體與履的目標，是化本體（心體）爲內在的人格，並使之與個體的存在合而爲一。王陽明曾說：「世之講學者二：有講之以身心者，有講之以口耳者。講之以口耳，揣摸測度，求之影響者也。講之以身心，行著習察，實有諸己者也。」（《傳習錄中》，《全集》第75頁）所謂講之身心而實有諸己，即意味著具有普遍性向度的心體與個體相融合，成爲主體的真實存在。

　　可以看到，按王陽明之見，言說並不引向心體與個體的溝通，相反，它往往導致心體與自我存在的分離。對王陽明來說，關於心體，主要的問題是如何使之實有諸己，而言說與辯析則趨向於對象化。在言說辯析的層面上，意義的表達和理解構成了關注的重心，心體作爲對象始終處於言說者之外，說與所說呈現爲二元對待的結構。這種辯說往往將意義本身歸結爲一個獨立的論域，言說越詳而越疏離心體，所謂「牽制纏繞於言語之間，愈失而愈遠矣。」（《與道通書》《全集》第1207頁）從成聖的維度看，言說的作用主要不在於意義的辯析，而在於規定行爲的方向：「

蓋古人之言，惟示人以所嚮往而已。若所示之向往，尚有未明，只歸在良知上體會方得。」（《傳習錄拾遺》，同上，第1176頁）示人以嚮往，亦即示人以理想之境，這種所向最終又是通過主體自身的體悟（體會）而達到明晰，並獲得認同。

　　名言與心體的關係，並不僅僅存在於德性與人格的形成過程。從「所嚮往」看，主體既要化心體爲實有諸己的人格，又應實現從德性到德行的轉化。名言的辯析，屬廣義的「知」的領域，它固然有助於理解心體的至善品格，但執著於此，卻仍未超越知善知惡之知，對成聖的追求來說，重要的是在踐行中使德性獲得外部的確證。正是以此爲前提，王陽明一再將身心上體履提到了更爲突出的地位：「區區格致誠正之說，是就學者本心日用事爲間體究踐履，實地用功，是多少次第、多少積累在。」（《傳習錄中》，《全集》第41頁）體究不同於思辯地說，而是實踐中的悟；踐履則是化所悟爲實地工夫，在這裡，言說的意義似乎已爲踐行所消解。

　　言說與德行的如上關係，與致良知說及知行之辯無疑有邏輯的聯繫。言說屬廣義的知，但這種知一旦離開了踐行過程，就只具有口耳之學的意義。如前文所提及的，心體作爲成聖的根據，與良知處於同一序列，心體的「得」（把握），與良知的致，亦有彼此相通的一面。良知之致，無論就達到抑或推行而言，都展開於踐行過程。同樣，對心體的體認及這種體認的確證，也始終離不開實地踐履。在這種對應關係中，言意的邏輯辯析，多少讓位於知行的現實工夫。[1]

1　踐行對言說的優先，在某種意義上可以追溯到儒學的傳統。漢森曾指出：

在名言與心體的關係上，王陽明首先將心體理解爲超乎名言之域（說不得）的本體。但是由心體的說不得，王陽明既未追隨老子，走向帶有神秘意味的玄觀，亦沒有像維特根斯坦那樣，自限於和言說相對的沉默，而是將言意之辯與知行之辯聯繫起來。心體雖超乎名言（說不得），但卻並非沒有意義，不過，作爲成聖的根據，這種意義主要不是借助言說與辯析來彰顯，而是通過主體自身的存在來確證。這樣，在王陽明的心學中，名言的辯析便從屬於個體的自悟，言意之辯上的「說」則相應地轉向了身心之學上的「行」。

二、名言與道

心體作爲成聖的根據，較多地表現了其內在之維。在更一般的層面上，心體又被理解爲存在的普遍根據。後一意義上的心體，往往又與道相通，而名言與心體的關係，亦邏輯地關聯著言與道之辯。

道在中國哲學中往往具有雙重品格：它既被理解爲本體論意義上的存在根據，又表現爲認識論意義上的眞理，前者側重於對存在的規定，後者則是對這種規定的把握，二者彼此交錯，使道

「泰勒斯的興趣在於解釋，孔子的興趣則在於社會行爲。」（參見C. Hansen: Language and Logics in Ancient China, The University of Michgan press, 1983,P55,P77）解釋與言說相關，社會行爲則指向踐行。儘管不能簡單地把古希臘哲學歸結名言的辯析，亦不能認爲儒學完全忽視名言，但二者在哲學發展的初期確乎已表現出不同的側重。史華慈亦提出了類似的看法（參見B. Schwartz: The World of Thought in Ancient China, The Belknarp press of Harvard University press 1985,PP90-99）

具有了統一性原理的意義。儘管心學始終以如何成聖爲其哲學主題，但與歷史上其他哲學系統一樣，心學始終難以忘懷對統一性原理的追問，事實上，成聖與求道在心學中乃是一個統一的過程。

　　作爲統一性原理的道，是否表現爲名言之域的對象？王陽明對此提出了如下看法：「道不可言也，強爲之言而益晦；道無可見也，妄爲之見而益遠。夫有而未嘗有，是眞有也；無而未嘗無，是眞無也；見而未嘗見，是眞見也。」（《見齋說》，《全集》第262頁）此所謂「不可言」，與前文的「說不得」涵義相近，均指超越名言。道首先不是言說的對象，如果勉強地以名言去說，則反而使道遠離人。一般而言，名言具有敞開存在的作用，在認識之光尚未照射之前，對象往往處於自在形態，而認識的過程總包含著名言的規定與表達作用：在這一意義上，確乎可以說，名言將對象敞開於主體之前。但從另一角度看，名言往往又有遮蔽對象的一面。作爲思維的形式，名言凝結了認識的成果，這種成果作爲先見而影響著人們對對象的把握，它既構成了達到對象的必要條件，又在一定意義具有某種排他性。同時，在經驗知識的領域，名言所達的，常常是對象的某一方面或某一層面，及於此往往蔽於彼。王陽明認爲強爲之言而益晦，妄爲之見而益遠，似乎主要就後一意義而言。

　　當然，道本身雖超越名言，但走向道的過程並非完全隔絕於名言；就儒學的系統而言，五經便常常被理解爲達到道的中介，而五經即是由名言構成的意義系統。不過，名言（包括表現爲名言系統的五經）雖然是達到道的中介，但卻只具有工具的意義，因而不可執著：

　　　　得魚而忘筌，醪盡而糟粕棄之。魚醪之未得，而曰是筌與糟粕，魚與醪終不可得矣。五經，聖人之學具焉。然自其

已聞者而言之，其於道也，亦筌與糟粕耳。（《五經臆說序》《

全集》第876頁）

五經只是得道的手段，一旦把握了道，便不必拘泥於五經的名言
意義系統。這種看法，對鬆弛傳統學的束縛、超越詞章訓詁之學，
無疑有不可忽視的意義。

從名言與道的關係上看，王陽明的如上觀念與傳統的言意之
辯顯然有其歷史的聯繫。魏晉時期，王弼對言意關係曾作過如下
規定：「言者所以明象，得象而忘言；象者所以存意，得意而忘
象。」（《周易略例·明象》）這裡的言具體指卦辭，象則指卦
象（含有範疇之意），二者引伸爲名言；與之相對的意，則可泛
指一般的原理。在此，言與象即（名言）即被理解爲達到意（一
般原理）的工具，而這種工具與所要達到的對象（意）的關係又
完全是外在的：一旦得意，即可忘言與象。王陽明對五經所代表
的名言系統與道的關係的理解，在理論上無疑上接了王弼玄學的
言意之辯。當然，王弼在這方面似乎走得更遠：由得象而忘言、
得意而忘象，王弼進而引出「得意在忘象，得象在忘言」的結論
（參見同上），亦即將放棄名言視爲把握普遍原理的前提。相形
之下，王陽明則並未放棄對名言之工具意義的承諾。

與得魚而棄筌、得道而棄五經相近的，是早期維特根斯坦的
拋梯之說。維特根斯坦在其早期著作《邏輯哲學論》的結尾處，
曾寫下了一段頗有意味的話：

我的命題可以這樣來說明：理解我的人當他通過這些命題

——根據這些命題——越過這些命題（他可以說是在爬上

梯子之後把梯子拋掉了）時，終於會知道是沒有意思的。

（《邏輯哲學論》6.54, 商務印書館，1985年，第97頁）

按早期維特根斯坦的看法，形而上學的問題無法以命題來說，他

的《邏輯哲學論》即在於展示這一事實，亦即「說」不可說（說
形而上學之不可說），一旦理解了形而上學問題與有意義的命題
之間的關係，則他所說的一切便都可以懸置。王陽明在強調道不
可言的同時，又提出得道而棄五經，亦即把五經的名言系統視爲
達到「不可言」之道的工具，其思路與維特根斯坦的「拋梯」之
說確乎有類似之處。事實上，王陽明亦常常把經典比作階梯，認
爲「六經原只是階梯」（《全集》第786頁），階梯是達到的目
標的手段，而不同於目標本身，同樣，經典的名言系統對道的言
說儘管可以引向道，但這種言說也有別於道本身。

　　不過，與早期維特根斯坦由不可說走向沉默（以沉默爲處理
形而上學問題的最後立場）有所不同，王陽明在反對執著於名言
的同時，又把注重之點轉向與名言辯析相對的體悟，而從說到悟
的轉換之前提，則是道體與心體的溝通：「道無方體，不可執著。
卻拘於文義上求道，遠矣。……若解向裡尋求，見得自己心體，
即無時無處不是此道。亙古亙今，無終無始，更有甚同異？心即
道，道即天，知心即知道知天。」「諸君要實見此道，須從自己
心上體認，不假外求始得。」（《傳習錄上》，《全集》第21頁）
如前所述，心體與道體的合一，乃是心學的基本預設。這裡值得
注意的是王陽明將文義上（名言意義系統上）求道與心上體認區
分開來，以自心體認作爲把握道的更重要的形式。此所謂體認，
亦以道體與心體的合一爲其指歸。不過，與本體論上的先天規定
不同，由體認而達到的合一，更多地表現爲個體對普遍道體的內
在認同；前者（本體論意義上的合一）展示的是道與心之間的邏
輯關係，後者（由體認而達到的合一）則是主體的一種境界。

　　名言的辯析首先指向所說對象及概念之間的邏輯關係，心上
的體認則落實於主體的境界；從文義上求道到心上體認，表現爲

由邏輯關係的把握，到化道體爲境界。境界不同於一般名言所表達的知識，所謂「知來本無知，覺來本無覺」（《全集》第94頁）；其所得，其所存，「在知道者默而識之，非可以言語窮也」。（同上，第64頁）默而識之既不同於消極意義上的沉默，也不同於外在的語義辯析，它從對象性的認識，轉向內在的自悟，並由此而將對道體的體認，融入主體的意識結構，使之與人的存在合一。質言之，在王陽明的心學中，得道（悟道）主要不是對外在的超驗本體的認識，而是表現爲主體境界的形成與提升，這一思路可以看作是身心之學的邏輯展開。

　　從哲學史上看，在名言與道的關係上，傳統哲學似乎表現出二重路向。自先秦以來，一些哲學家對名言能否把握道作了肯定的回答，並較多地考察了如何以名言把握道的問題。荀子認爲，「辯說也者，不異實名以喻動靜之道也」（《荀子・正名》），其中已蘊含名言的辯析能達到道之意。《易傳》對名言在把握普遍之道上的作用也表現出樂觀的確信：「聖人立象以盡言，設卦以盡情僞，繫辭焉以盡其言。」「《易》與天地準，故能彌綸天地之道。」（《易傳・繫辭上》）即易的名言系統與天地之道具有同一對應關係，故能涵蓋窮盡後者。宋明時期，張載大致上承了以上傳統，並對此作了更明確的闡述：「形而上者，得辭斯得象矣，故變化之理存乎辭。言，所以顯變化也。」「擬之而後言，議之而後動，不越求是而已。此皆著爻象之辭所以成變化之道，擬議以教之也。」（《易說・繫辭上》）就是說，形而上之道並非超越於名言之域，主體能夠以概念範疇言說、把握普遍之道。爾後王夫之肯定「言、象、意、道固合而無畛」（《周易外傳・繫辭下》），體現的是同一思路。

　　與以上傳統有所不同，另一些哲學家則更多地將注重之點指

向道的超名言這一面。在如何把握道的問題上，孟子提出自得之說：「君子深造之以道，欲其自得之也。自得之，則居之安；居之安，則資之深；資之深，則取之左右逢其源。」（《孟子・離婁下》）此所謂深造，並不是名言文義上的辯析，而是個體的體悟，其具體形式表現爲盡心：「盡其心者，知其性也；知其性者，則知天矣。」（《孟子・盡心上》）作爲盡心與自得的統一，深造以道所追求的是道與個體存在的融合。[1]老子把道規定爲「無名之樸」（《老子》三十七章），更明確地突出了道之超名言性質；與之相聯繫的則是「爲道日損」說，日損意味著懸置已有的名言系統，以日損爲把握道的前提，彰顯的便是道與日常名言的邏輯距離。莊子對可言與不可言作了區分：「可以言論者，物之粗也；可以意致者，物之精也。言之所不能論，意之所不能察致者，不期精粗焉。」（《莊子・秋水》）所謂不可以言論，不能以意致者，也就是形而上之道。在莊子看來，道是無界限的整體，言則有所分，「道未始有封，言未始有常」（《莊子・齊物論》），因而一般名言難以達到道。儒道之外，佛家亦涉及第一因與名言的關係。較之印度佛教之注重名相的辯析，中國的禪宗更多地傾向於對名言的消解。自慧能以後，禪宗往以頓悟爲成佛的主要途徑，並由此主張「不立文字」，其機鋒、棒喝都表現了一種非名言的悟道方式。

　　以上二重路向當然是一種分析的說法，每一哲學家或哲學流派本身亦有多重性，但在主要傾向上確乎呈現出各自的特點。從

1　當然，這並不是說，孟子完全未注意名言的辯析（事實上，他在戰國時即有好辯之名，這種「辯」便包括名言辯析），但就對道的態度而言，孟子所重更在自得而居之。

總的思維趨向看，王陽明在名言與道的關係上，無疑明顯地認同
了對道的非名言把握方式。當然，王陽明以心立說，道體的規定
邏輯地關聯著心體。作爲心學系統的展開，道的體認更多地指向
成就德性，得道、悟道則具體表現爲化道體爲境界。在此，道的
超名言維度取得了道與個體存在爲一的形式。

通過自悟而化道體爲境界，最終總是落實於主體的在世過程。
以名言論析道，可以在思辯的層面展開，亦即以言說爲其方式，
但道與個體存在的合一，則須通過存在過程本身來確證。道作爲
統一性原理，同時也構成了一種超越的理念，所謂萬物與我爲一，
便可視爲道的理念內化於主體意識而達到的境界。這種境界使人
超越了個體的小我，形成爲天地立心、爲生民立命的浩然胸懷。
作爲一種眞實的境界，與道合一並不僅僅表現爲精神上的受用，
它要求通過身體力行而展現於外。正是在此意義上，王陽明一再
強調：「人須在事上磨練做功夫，乃有益。」（《傳習錄下》《
全集》第92頁）所謂知行合一，同時也意味著內在的境界與外在
的踐行之統一。總之，主體與道的關係，既非體現爲思辯的論析，
也非停留於消極的沉默，同樣亦非限於精神的受用。化道爲境界
與境界外化爲踐行是一個統一的過程。

一般而言，對道（統一性原理及發展原理）的認識往往具有
世界觀的意義，作爲世界觀，它並不僅僅以名言辯析的方式存在，
也非單純地表現爲一種對象意識。對世界的一般看法總是同時融
合於主體意識之中，並在這一過程中逐漸凝結爲智慧之境。智慧
之境不同於以一般名言所表達的知識，它蘊含著其自身多方面的
內容。首先是以道觀之。在經驗領域中，認識往往注重分別，並
相應地容易執著於一偏之見。智慧之境則以無對揚棄了對待，以
道的觀點（全面的觀點）超越了經驗領域的分別。在此，境界已

具體化爲主體認識世界的一種立場和態度，而這種立場與態度又構成了克服一偏之見，達到辯證綜合的內在條件。在善的追求中，智慧之境以從心所欲不逾矩爲其表現形式。從心所欲意味著出於內在意願，不逾矩則是合乎理性規範；二者的統一，使主體超越人爲努力而達到了從容中道的境界。在這種精神界中，人的行爲不再出於勉強或強制，而是以不思而得，不勉而中爲其特徵，後者也就是道德領域中的自由之境。人的境界當然不限於向善，它同時指向審美之域。就後一領域而言，智慧之境展開爲一種合目的性與合規律性相統一的意境。合目的性的內在意蘊是化自在之物爲爲我之物，合規律性則意味著自然的人化不能隔絕於人的自然化。人的本質力量與天地之美相互交融，內化爲主體的審美境界，後者又爲美的創造和美的觀照提供了內在之源。可以看到，作爲與人的存在合一的境界，智慧之境並不僅僅是一種抽象的精神形態，也沒有任何神秘之處，它之與人同在，即「在」主體以道觀之的求眞過程、「在」從心所欲不逾矩的向善過程、「在」合目的性與合規律性相統一的審美過程。總之，主體的存在融合了其境界，境界本身又在主體現實地、歷史地「在」中得到確證。王陽明關於道與境界的看法無疑包含了不少心學的思辯，但他肯定對道的體認不同於一般的名言知識，要求將道的體認與個體存在加以融合，並把化道體爲境界與化境界爲踐行聯繫起來，則似乎並非毫無所見。

三、「說」與「在」

語言與存在的關係是哲學家很早就開始關注的問題，在現代哲學中，語言進一步成爲哲學的中心問題之一。儘管對語言的考察有分析哲學、現象學、解釋學等不同的路向，但在注重語言這

一點上，現代哲學無疑有趨同的一面。

早期維特根斯坦與邏輯實證論對可說與不可說作了嚴格區分，可說的是分析命題與綜合命題，超越於此，則被歸入不可說之域。分析命題屬重言式，它所斷定的主要是概念之間的邏輯關係，綜合命題則是對經驗事實的陳述，在邏輯與經驗事實之外，則是超越於名言的界域。這樣，在早期維特根斯坦與邏輯實證論中，所謂存在主要便被理解爲先天的邏輯與後天的經驗事實，對這種存在能否以語言加以把握的問題，他們作了相當肯定的回答。後期維特根斯坦與日常語言哲學的興趣之點誠然由語言的理想形態轉向語言的既成形態，並開始注意到語言的多重形式，但在消解形而上的本體這一基本點上，分析哲學的前（早期維特根斯坦與邏輯實證論等）後（後期維特根斯坦及日常語言哲學）形態卻表現了相近的立場。

分析哲學通過劃界而否定了超驗的本體，但它本身卻並未放棄對本體的承諾。事實上，在拒斥形而上的本體的同時，它又在相當程度上將語言提升爲本體。它所理解的唯一存在，便是語言中的存在，世界往往相應地被分解爲某種語言的結構。與這一基本格局相一致，存在的問題似乎在某種意義上被轉換爲言說的問題。在與人的存在相關聯的價值領域，化存在爲言說的傾向表現得尤爲明顯。以人在道德關係中的存在而言，分析的道德哲學（所謂元倫理學）已完全懸置了對現實的道德關係與道德行爲等等的研究，而轉向了道德範疇的語義分析，換言之，「在」已讓位於「說」。[1]

1　後期維特根斯坦雖然將語言遊戲與生活形式聯繫起來，但生活形式的引入，仍指向語言意義的把握，就此而言，以生活形式爲語言遊戲的背景，並未離開廣義的「說」。

　　相對於分析哲學，王陽明的心學似乎表現了不同的思路：較之前者之注重「說」，後者更多地強調「在」。馬克思曾將人們把握世界的方式概括四種，其中既包括理論思維的方式，亦包括實踐精神的方式（《1857—1859經濟學手稿》，《馬克思恩格斯全集》，人民出版社，1979年，第46卷上，第39頁）作爲把握世界的方式，實踐精神不同於對世界的外在觀照，也有別於對語言中的存在的邏輯分析，它在本質上乃是以人自身的「在」來把握存在。在實踐精神的形式中，對世界的領悟已化爲人的精神境界，並與主體自身的在世過程融合爲一。如果說，「說」是以說與所說相互對待的方式來把握世界，那麼，「在」則將世界對人所呈現的意義與人自身的存在溝通起來：對存在意義的把握，通過人自身的「在」的狀態（包括行爲）而得到確證。王陽明把對道的體認理解爲一個由自悟而提升內在的境界，並進而化境界爲踐行的過程，這種以「在」來把握世界的進路，似乎接近於實踐精神的方式。

　　分析哲學的「說」，主要指向語言中的存在，王陽明所注重的「在」，則不同於語言世界。在「說」與「在」的不同側重之後，是對存在的不同方面的關注。分析哲學將哲學的終極思考限定於語言中的存在，固然不同於傳統的形而上學，但並沒有完全告別形而上學：在拒斥了思辯的形而上學之後，它本身又走向了分析的形而上學或P.T.斯特勞森所謂「描述的形而上學」（descriptive metaphysics）。這種分析的形而上學在關注語言本體的同時，往往忽視了以實踐精神的方式把握世界，並在某種意義上遺忘了人自身的存在。相對而言，以現象學爲理論源頭之一的存在主義，則較多地將存在的考察與人自身的存在聯繫起來。海德格爾把存在規定爲此在，此在不同於超驗的對象，也有別於語

言中的存在，它所表示的，乃是人在時間中展開的存在形式。存在主義對「在」的這種注重，與王陽明心學無疑有相通之處：二者都要求超越對人的存在的遺忘。

　　不過，海德格爾在追尋「在」的同時，並沒有放棄「說」。在他看來，「語言是存在的家，人即居住於這個家。」（《人道主義書簡》，Basic Writing,London,1993,P217）這裡包含多重涵義，從言說的角度看，其內在的意蘊即是存在可以進入語言之中，換言之，語言可以把握存在。事實上，海德格爾一再肯定，語言具有敞開存在的作用：「唯有語言才第一次將作為存在的存在敞開。」（《藝術作品的起源》，Basic　Writing,London,1993, P198）以語言敞開存在，蘊含著以理論地「說」來把握存在之意，在此，「在」並不排斥「說」。當然，在現代哲學中，對存在的言說不僅所說（言說的對象）各有不同，而且言說的形式也往往彼此相異，如果說，分析哲學的言說可以視為邏輯地說，那麼，海德格爾的言說則帶有思辯地說的特點。但是，不管是邏輯地說，還是思辯地說，在廣義上都表現為以理論思維的方式把握世界。相形之下，王陽明在注重以實踐精神的方式把握世界的同時，又強調本體「說不得」、「不可言」，未免忽視了理論思維這種把握存在的方式。

　　哲學總是要追問終極的存在，這種追問往往引向對統一性原理和發展原理（所謂道）的探求，引向智慧之境。道與智慧之境確乎有超越一般名言的一面，但又並非完全隔絕於名言。存在的追尋固然不能離開人自身的存在及其歷史實踐，並相應地不能僅僅停留於言說的層面，但存在又須以名言來敞開、以概念系統來把握。邏輯地說與思辯說無疑都有自身的片面性，單純地以此為進路顯然難以真正達到存在，然而，由此而拒絕名言的辯析，則

將導致存在與名言的分離。事實上，以名言爲工具的理解，與主體本身的存在並非彼此隔絕。伽達默爾已注意到此：「理解不僅是主體的各種可能的行爲，而且是此在本身的存在方式。」（《真理與方法》London, 1979, pxviii）「說」與「在」、理論思維的方式與實踐精神的方式之間，應當由對峙走向統一。存在與名言關係的以上維度，似乎基本上在王陽明的視野之外。

「說」不僅僅涉及主體，它總是邏輯地指向主體之間；對「說」的肯定，同時亦蘊含了對主體間討論、對話的關注。後期維特根斯坦提出語言遊戲說，認爲語言的意義惟有在共同體的運用中才敞開，而語言在共同體中的運用，則離不開主體間的交往、討論。科學哲學強調科學認識（包括觀察陳述）應當具有主體間的可傳遞性，新的理論的提出，必須接受科學家共同體的評判，回應不同意見的詰難，這種批評與回應的過程，也就是科學家共同體的討論過程。在哲學解釋學中，對話與討論同樣被提到突出的地位。伽達默爾指出：「我贊成的真理是這樣的，這種真理只有通過你才對我成爲可見的，而且只有靠著我讓自己被告訴些什麼才成爲可見的。」（《真理與方法》，London, 1979, pxxiii）質言之，真理惟有通過主體間的討論才能達到。按伽達默爾的看法，即使解讀本文，也並不僅僅表現爲個體的獨語，而是展開爲讀者與作者不斷「對話」的過程。

在哈貝馬斯的交往理論中，主體間的討論、對話得到了更多的考察。哈貝馬斯將主體與對象的關係與主體與主體的關係區分開來，認爲主體之間應當通過討論、對話，達到相互理解和溝通。這種討論、對話展開於不同的領域，並相應地有不同的方式。在

科學研究中，它表現為科學家共同體中的相互批評與爭論，[1] 在
道德領域，它表現為以對話倫理取代康德的絕對命令。哈貝馬斯
特別從形式化的角度對合理的道德決定的程序作了規定，強調每
一個有理性的社會成員都有權利參與道德討論，每一參與者都有
權利發表自己的意見，只有通過這種討論和對話，才能達到道德
上的一致和共識。儘管哈貝馬斯的交往理論包含了不少理想化的
色彩，他的倫理學主要亦表現為一種「形式地說」（即為道德決
定規定一種形式的程序）；[2] 而且，在突出主體間關係的內在性
的同時，對主體間關係的外在性也未免有所忽視，[3] 但他從普遍
語用學的層面，考察了主體間討論、對話在交往過程中的意義，
無疑注意到了名言與存在、名言與主體關係的一個重要方面。

　　較之現代哲學由語言的重視而關注主體間對話、討論，王陽
明的心學顯然表現了不同的趨向。從成聖的理想出發，王陽明更
為感興趣的是如何成就自我的德性，所謂化道體為境界，其邏輯
指向同樣是成己與成聖。與這一終極的追求相聯繫，王陽明強調
本體「不可言」、「說不得」，亦多少以主體的自悟壓倒了主體
間的辯析。事實上，王陽明要求由「說」走向「在」，固然表現
出以「實質地說」超越「形式地說」的趨向，但同時亦確乎蘊含
著對主體間的討論、對話的某種漠視。這種致思傾向當然可以溯
源於儒學注重內省的傳統，但同時亦與心學融理於心的邏輯進路

1　參見 M.Welbourne: The Community of knowledge,Abereen University
　　Press,1986.

2　參見 J.Habermas: Moral Consciousness and Communicative Action,
　　Polity Press,1990,P221.

3　參閱楊國榮《主體間關係論綱》，載《學術月刊》，1995年第11期。

相聯繫。

　　從邏輯上看，語言的運用往往表現爲二重形式，即獨語（獨白）與對話（包括討論）。當然，這是一種分析的說法，在語言的現實運用過程中，這二者常常又是相互交錯的。在主體的思維過程中，主體對語言的運用更多地取得了獨語的形式，但其中同樣亦已滲入了對話：在對不同的思路、觀點的選擇、評判中，往往亦交織著二個「我」的無聲對話；在主體間不同意見的爭論中，對話無疑成爲主要形式，但其中亦包含了主體的沉思和獨語。就道德領域而言，道德決定首先以自律的形式表現了主體的獨語。然而，這種決定同時又不僅在主體之中蘊含著G.H.米德所謂自我（I）與客我（me）之間的對話，而且在主體間關聯著不同觀點的討論。消解主體的獨語，往往容易將主體引向爲他的存在，並使之趨於對象化；忽視主體間的討論和對話，則蘊含著二重邏輯路向：就認識論的維度而言，拒絕不同意見的討論，總是難以避免獨斷論的歸宿；從道德領域看，懸置討論和對話，則易於導致過分強化自我的內省和體驗，並使道德意識趨於神秘化。王陽明在肯定主體自悟（獨語）的同時，對主體間的討論和對話不免有所弱化，後者亦折射於他對道德境界的理解：由強調境界與主體存在的不可分離，王陽明多少忽視了境界可以用名言來表達和辯析的一面。從這方面看，對「說」的消解，確乎使王陽明在本體與境界的規定上都未能完全擺脫玄秘之維。

世界的邏輯構造與天地境界

對本體論的關注，是中國現代哲學的特點之一，熊十力的境論，金岳霖的論道，都表現出建構本體論的思維趨向。與熊、金等相近，馮友蘭也以本體論爲哲學的題中之義。本體論的討論離不開存在，而存在問題的考察往往展開於不同維度。馮友蘭對存在的沉思，既關聯著天道，又涉及人道，後者邏輯地引向了人生境界說，而本體論則相應地接上了價值觀及人生哲學。天道意義上的存在更多地指向本體世界，人生境界則首先定位於人的存在，二者展示了對存在的不同切入方向，並內在地滲入了關於宇宙人生的終極思考。從終極的意義上追問存在，自始便交錯著名言之域與超名言之域的關係問題，而形式地「說」（邏輯地「說」）則終結於實際地「在」。

一

存在的問題屬於廣義的形而上學之域。受新實在論與維也納學派的影響，馮友蘭對傳統形而上學（舊形而上學）曾有所批評，對實證主義拒斥形而上學的主張，也在一定意義上予以認同：「維也納學派對於形上學的批評的大部分，我們也是贊同底。他們取消形上學的運動，在某一意義下，我們也是歡迎底。」（《三松堂全集》，第五卷，河南人民出版社，1986年，第221頁，以下簡稱《全集》）不過，馮友蘭同時又對傳統形而上學與形而上學本身作了區分。在他看來，傳統形而上學固然有缺陷，但這並

不意味著形而上學本身應在理論上完全加以摒棄；拒斥舊的形而上學，乃是爲了重建形而上學。馮友蘭由此對西方實證主義提出了批評：「西洋的哲學家，很少利用新邏輯學的進步，以建立新的形上學。而很有些邏輯學家利用新邏輯學的進步，以擬推翻形上學。他們以爲他們已將形上學推翻了，實則他們推翻底，是西洋的舊形上學，而不是形上學。形上學是不能推翻底。」（同上，第147頁）

　　馮友蘭試圖重建的形而上學，是一種「最哲學底哲學」，它的概念、命題、推論都只有形式的意義，而不涉及事實與經驗，馮友蘭對眞際與實際作了區分，「眞際與實際不同，眞際是凡可稱爲有者，亦可名爲本然；實際是指有事實底存在者，亦可名爲自然。眞者，言其無妄；實者，言其不虛。」（《全集》，第四卷，第11頁）「有」（being）即存在，眞際是一種本然的存在，它之爲眞，主要似乎是就邏輯上的無矛盾而言：眞際作爲本然的存在，排除了邏輯上的矛盾。實際的世界（自然）包含於眞際，但有眞際卻未必有實際，眞際在外延上總是大於實際。從某些方面看，眞際似乎近於康德所說的物自體，但事實上二者並不相同：在康德那裡，物自體是一種事實的「在」（它雖處於認識的彼岸，但卻構成了感性經驗之源），馮友蘭的眞際，則是「邏輯底，而不是事實底」（同上，第10頁），即它更多地表現爲一種邏輯的設定。馮友蘭所重建的形而上學不同於舊形而上學之處，便在於它只對於眞際有所肯定，也正是這一特點，使它成爲所謂「最哲學的哲學」。

　　哲學以本然世界爲討論對象，而本然世界又主要表現爲一種邏輯的設定。由此出發，馮友蘭進而運用邏輯分析與邏輯構造的方法，以建立其新形而上學。重建的第一步，表現爲把作爲邏輯

分析結果的普遍規定加以形式化，亦即將共相與殊相分離開來，使之成爲與事實無涉的純粹形式。這種形式首先以理的形態存在。所謂理，即是某物之爲某物的根據，不過，作爲純粹形式，它並不構成具體存在的事實上的根據，而僅僅是一種邏輯上的根據。換言之，它非內在於事物之中而決定事物，而只是事物存在的一種邏輯條件。從邏輯上說，一切具體事物均依照理而存在，但被依照的理卻並不隨事物的變化而變化：「實際上有依照某理之實際底事物，某理不因之而始有；無依照某理之實際底事物，某理不因之而即無。」（《全集》，第四卷，第41頁）就此而言，亦可說，「理世界在邏輯上先於事實的世界。」（同上，第五卷，第150頁）在此，理與實際的事物表現爲二個序列：理決定事物而又超越時空；眞際與實際的分界，取得了理事對峙的形式。

除了理之外，馮友蘭新形而上學體系的基本範疇還包括氣、道體、大全（宇宙）。所謂氣，是指沒有任何規定（抽去了一切屬性）的絕對質料。由於它是在抽去了一切實際內容之後得到的，因而也是一個純形式的範疇，馮友蘭將其稱爲「眞元之氣」或「無極」。由氣到理的過程，便是道體；而從靜態看，眞元之氣、一切的理、道體則總稱爲大全或宇宙。氣、理、道體、大全等基本範疇，具體又展開爲四組命題。

新形而上學的第一組命題是：「凡事物必都是什麼事物，是什麼事物，必都是某種事物。有某種事物，必有某種事物之所以爲某種事物者。」即凡是存在的事物，都屬於某一類，而有某類事物則必然有某類事物之理。簡言之，存在蘊含類，類蘊含理，由此命題，馮友蘭以爲又可推出二個結論：其一，雖無具體事物，但規定該事物之理仍可存在；其二，理存在於具體事物之先。不難看出，這一組命題實上把理世界先於並獨立於實際世界的超驗

性進一步突出了。第二組命題涉及事物的存在。理決定事物為某一類事物，而事物要存在，便離不開氣，氣構成了事物所以能存在者。當然，此處之氣，是指絕對的質料，它與具體事物之關係，亦為一種邏輯的關係。第三組命題主要說明無極（氣）而太極（理）的流行。所謂流行，也就是氣實現某理或某某理的過程。氣實現某理，意味著成為某種或某類的事物。實際是事物的全體，氣（眞元之氣）自身無規定，無極限，故為無極，太極是理的全體，所以實際的存在就是無極實現太極的過程。「總一切的流行謂之道體，道體就是無極而太極的程序。」在此，馮友蘭試圖通過理與氣在過程中的融合來闡釋實際世界的形成。最後一組命題是：「總一切的有，謂之大全。」大全又稱宇宙，但它不是現實的物質的宇宙，而是指邏輯上可能的一切存在。道體是就動的方面而言，大全則是就靜的方面而言。（參見《全集》第五卷，第148—154頁）

馮友蘭重建形而上學的以上過程，在總體上以邏輯分析與邏輯構造為其基本環節，這裡既可以看到新實在論的影響，又滲入了程朱理學的某些觀念。作為新形而上學基本骨架的理、氣等範疇與程朱一系的理學具有明顯的淵源關係，但理學的範疇和觀念同時又經過了新實在論的洗禮，取得了形式化的特點，由此構造的形而上學，已不同於非形式化的傳統理學，而是表現為一個形式化的新理學體系。

然而，儘管馮友蘭賦予新理學以邏輯化的形式，但他對眞際、實際等等的設定，仍然未超出本體論之域。作為本體論，新理學所關注的首先是廣義的存在問題，而對存在的如上考察，又主要與天道相聯繫。理、氣著重從內在根據和質料上對存在作了規定，道體指向存在與過程的關係，大全則試圖把握作為整體的存在。

不難看出，對存在的這種分析，內在地蘊含著天道與人道的某種分離：理、氣、道體、大全等等作爲描述世界的基本範疇，主要與天道相聯繫而並不涉及人道，質言之，在新理學中，馮友蘭基本上是離開人自身的存在去考察天道觀意義上存在。按馮友蘭的看法，哲學主要是從形式的方面討論眞際，而眞際則表現爲一個本然世界。本然世界在邏輯上先於實際的世界，並相應地先於人的存在，這樣，理、氣、道體等推繹作爲本然世界的邏輯展開，乃是在人的存在之外就天道而論天道。對存在的這種研究路向，使馮友蘭的新理學帶有明顯的思辯構造色彩。

　　從哲學史上看，近代以來，本體論的研究開始與認識論聯繫起來，這一趨向在康德那裡已表現得十分明顯。康德將存在區分爲現象與物自體二個方面，這本來似乎是一個本體論的問題，但在康德哲學中，二者的區分卻首先具有認識論的意義：物自體與現象的劃界，主要相對於人的認識能力而言（現象爲人的認識能力所及，物自體則在人的認識能力之外）。當然，康德哲學還具有二重性的特點，他對物自體的設定，仍有某種分離天道與人道的思辯意味。在這方面，胡塞爾似乎表現了不同的思路。胡塞爾提出回到事物本身的原則，他所說的事物本身（thing itself）與康德的物自體（thing itself）在形式上雖相近，但內在涵義卻剛好相反：在認識論的意義上，康德的物自體超然與主體之外，胡塞爾的事物本身則是已進入主體意識之域的存在，對胡塞爾來說，回到事物本身也就是懸置超然於主體的存在而回到直接呈現於我的世界。海德格爾在一定意義上循沿了胡塞爾的思路。海德格爾一再批評以往的形而上學僅僅注意存在者而遺忘了存在本身，所謂存在本身，更多地與人的存在相聯繫，而遺忘了存在本身，則意味著離開人的存在去構造超驗的本體世界。與傳統形而上學不

同，海德格爾將存在首先理解爲此在（Dasein），此在既是存在，又是存在的追問者，本體論對存在的考察具體便圍繞此在而展開，而對存在的這種追問和思考，同時似乎即表現爲存在的自我理解。海德格爾把存在的研究限定於此在，並以現象學爲切入存在的方法，在理論上無疑有其自身的問題，但他將存在的考察與人的存在聯繫起來，卻表現了一種有別於傳統思辯哲學的思路。這種趨向在維特根斯坦那裡似乎也得到了某種折射。維特根斯坦把語言視爲世界的界限，認爲人只能知和說進入名言之域的存在，對於超乎名言之域的存在，應當保持沉默。維特根斯坦的如上立場當然有其褊狹的一面，但其中同時又蘊涵著如下涵義：即存在的考察不能完全離開以名言把握世界的過程。

　　哲學無法回避存在的問題，但存在的思考卻可以有不同的路向，這種不同主要便表現在是否聯繫人的認識過程與歷史實踐。如果說，海德格爾肯定此在的時間性與自我塑造的向度已多少觸及了存在的考察與人的歷史活動的關係（當然，他更多地是涉及生活世界中展開歷史過程，而遠未達到歷史唯物論的歷史實踐觀念），那麼，維特根斯坦將存在與名言之域聯繫起來，則似乎注意到了本體論不能離開廣義的認識論。存在的考察從一定角度上可以看作是對存在意義的追問，而這種意義只有以人的歷史實踐和認識過程爲背景才能揭示。當存在還處於人的歷史實踐與認識過程之外時，它便只具有本然的意義，對這種本然世界，我們除了說它是本然或自在的外，無法作出更多的說明，而且所謂「本然」，也是相對於人的知行、名言之域而言（亦即就其尚未進入人的認識與實踐過程而言）。本然世界一旦進入認識之域，便開始轉化爲事實界。本然界可以視爲自在之物，事實界則是爲我之物，而自在與爲我的區分，也只有從廣義的認識過程來看才有意

義。離開人的歷史實踐與認識過程去規定存在的結構或給存在劃界，便很難避免思辯的玄想。[1]

馮友蘭試圖重建形而上學以超越舊形而上學，但在知行過程之外規定存在的本體論路向，則使他並未能真正擺脫傳統形而上學。他把世界劃分為真際與實際，以理、氣、道體、大全等範疇構劃了一幅世界的邏輯圖景，但這幅圖景提供的似乎主要是一種玄學的構架，而並沒有對真實的存在作出理論的說明。與歷史上的其他思辯構造一樣，馮友蘭的新理學也包含著難以克服的理論困難。他把世界二重化為真際（理世界）與實際（實際世界），但二者之間的鴻溝如何逾越？（換言之，理世界如何過渡實際的世界？）程朱的「舊」理學曾以非形式化的方式來解決這一問題，但最後並未能克服理世界與實際世界的對峙。馮友蘭試圖形式化的方式來對此作出邏輯的解釋，同樣未能如願以償。除了「有理始可有性，有性始可有實際的事物」，以及「無極而太極」之類的思辯推繹之外，新理學並未對天道意義上的存在作出更多的說明。

二

真際與實際之辯主要展開於天道之域。在天道之域，存在的考察固然可以用思辯的方式撇開人的存在，但由天道進到人道，

---

1 在這方面，值得注意的是馮契的思路。馮契以智慧說在當代中國哲學中獨樹一幟，智慧說以性與天道的理論為內容，後者又具體化為認識世界與認識自己，馮契沒有在廣義的認識過程之外去構造一個超驗的本體論體系，而是基於人的認識的歷史展開過程，具體地討論本然界，事實界，可能界。價值界及其轉化，從而超越了傳統的思辯哲學。（參見楊國榮：《知識與智慧——馮契先生的哲學沉思》，《哲學研究》，1995年，第12期）

人的存在便成爲難以回避的問題。馮友蘭認爲：「凡哲學系統至少必有其宇宙論及人生論。」宇宙論討論「是」如何的問題，人生論則涉及「應該」如何的問題。（《全集》第一卷，第353頁）如果說，本體論主要試圖從天道的角度考察世界（宇宙）「是」如何存在的，那麼，其人生論則著重從人道的角度探討人「應該」如何存在。

對人的存在的沉思具體展開於人生境界說。馮友蘭認爲，人作爲一種特定的存在，其根本特徵在於有覺解：「人生是有覺解的生活，或有較高程度覺解的生活。這是人之所以異於禽獸，人生之所以異於別的動物生活者。」（《全集》，第四卷，第522頁）所謂解，即是了解，覺則是自覺。了解是借助概念而展開的活動，自覺則是自我的一種反省意識。人在從事具體活動時，總是既對所從事的活動有所了解，又自覺自己正在從事這種活動，這種了解與自覺的統一，便是覺解。在此，馮友蘭將指向對象的理解與自我的反省意識聯繫起來，注意到了人活動既展開爲一個理性的了解過程，又表現爲主體的一種明覺狀態，換言之，理性並不僅僅表現爲對象性的活動，而且同時以主體自我意識（對理解過程本身的一種自覺意識）爲內容。這種看法著重從理性的側面考察了人的存在，並肯定了人作爲主體性的存在，其特點在於能對自身的存在狀態作反思。

覺解作爲人的存在之維，本身又有程度的不同，與之相應的是不同的人生境界。所謂境界，也就是宇宙人生對人（存在主體）的不同意義：「人對宇宙人生的覺解的程度，可有不同。因此，宇宙人生，對於人底意義，亦有不同。人對於宇宙人生在某種程度所有的底覺解，因此，宇宙人生對於人所有底某種不同底意義，即構成人所有底某種境界。」（《全集》，第四卷，549頁）質

言之，境界展開爲一個對應於覺解的意義世界。按馮友蘭的看法，意義世界不同於外部存在，外部存在獨立於每一個體之外，因而是公共的。意義世界則表示人與外部公共世界的意義聯繫，它建立在不同的覺解之上，因而有高下的差異。在此，馮友蘭實際上肯定了意義世界總是相對於人的存在而言。人道之域中對存在的這種考察路向，顯然不同於天道之域中對人的存在的某種「遺忘」。

　　表現爲意義世界的人生境界，按馮友蘭的看法，可以區分爲四種，即自然境界、功利境界、道德境界、天地境界。自然境界的特點是順性而行，這一境界中的人對他所從事的活動的性質缺乏清楚的了解，其行爲往往根據個人的習慣或社會習俗，「他的境界，似乎是一個混沌。」馮友蘭所說的自然境界，不同於近代哲學家所謂自然狀態，自然狀態是對人類演化的歷史階段的一種設定，它往往表示一種前文明的狀態。自然境界則是就個體存在而言，它主要對應於自在的我。從動態過程看，個體存在總是有自在與自爲之分，自在之我的行爲雖然也可以合乎某種社會規範，但往往由之而不知。

　　在功利境界，人對所從事的行爲開始有了比較清楚的了解，但其行爲常常是爲利，並且是爲自己的利。在自然境界，人對自己和對象都缺乏自覺的意識，而在功利境界，人已開始自覺到有一個「我」，因此，就人的存在過程而言，功利境界無疑較自然境界提升了一層。然而，功利境界中的人關心的主要是自我之利，他的行爲固然也可以在客觀上利於他人或社會，但他的出發點卻是爲己。因此，儘管處於功利境界者亦可取得某種成就，但從存在的角度看，其境界卻很有限。

　　與功利境界的爲己不同，道德境界以「行義」爲特點，所謂行義，也就是爲社會作貢獻。功利境界中的「覺」表現爲自覺有

我，道德境界中的「覺」則進一步表現爲自覺人是社會的存在。與之相聯繫，功利境界中的人，往往以爲個人與社會是對立的；道德境界中的人則已認識到個人只有在社會中才能發展，因而已揚棄了個人與社會的對立。不難看出，功利與道德二種境界之後，既蘊含著義利之辯，又涉及群己關係的不同定位；在功利境界中，人是一種爲己的存在，在道德境界中，人則是一種爲他（爲社會）的存在。二種存在表現了二種不同的覺解。

　　道德境界之後的天地境界，是存在的最高境界，在這一境界中，人不僅意識到他是社會的一員，而且亦意識到他是宇宙的一員，應於宇宙間，堂堂地做一個人。天地境界並非完全離開了道德境界，而是超越了一般的道德之境。在道德境界中，行義表現爲一種有意的選擇，而在天地境界中，行義已不是一種有意的選擇，而展開爲一個不思而中，不勉而得的過程。後者是覺解的進一步提升：自覺的理性已化爲人內在品格，因而遵循道德規範已無需勉強。天地境界中的人之所以能達到這種超然之境，在於他已通過知天、事天、樂天而自同於大全，亦即與天地宇宙合而爲一，在這一意義上，馮友蘭又將天地境界稱爲「同天境界」。一旦達到如上境界，便超越了人與己、內與外、物與我等區分，並同時自同於理世界：「在天地境界中底人，能同天者，亦可自同於理世界。」（《全集》，第四卷，第694頁）

　　從自然境界到天地境界，人的存在展開爲一個層層提升的過程。較之新理學對本體世界的考察，馮友蘭對人的存在的規定無疑有不同特點。在新理學中，本體世界完全與時間絕緣：它基本上處於邏輯的平面之中，換言之，新理學對存在所作的，主要是一種邏輯的處理；在人生境界說中，人的存在既是邏輯的，又超越了邏輯：人生的不同境界既是以覺解爲根據的邏輯劃分，又滲

入了時間之維而展開爲一個歷時性過程。就其現實形態而言，人的存在不僅在類的層面上經歷了綿綿不斷的衍化變遷，而且在個體的層面上展開爲一個從本然到應然、從可能之境到理想之境的過程，當海德格爾將存在與時間聯繫起來時，已注意到了這一點。個體存在從本然到應然的演進，主要表爲一個自我努力的過程，其中包括在認知之維上求眞、在評價之維上向善、在審美之維上趨美，而這一過程同時伴隨著主體精神境界的提升。馮友蘭根據覺解的高低把人的存在理解爲從自然之境走向天地之境，無疑在一定程度上切入了存在的以上意蘊。

　　馮友蘭以天地境界爲存在的最高境界，而其人生境界說中最值得注意的亦是天地境界。按馮友蘭的界說，天地境界的主要特徵在於人與宇宙大全完全合一，這種合一使人既不同於自然之境的混沌，又超越了功利之境中的各種分別與計較。宇宙大全是一種天道（本體論）意義上的存在，人則是人道意義上的存在，而在天地之境中，二者似乎已獲得了某種溝通。天地境界中的這種存在，顯然不同於本體世界中的存在：在本體世界中，天道意義上的存在與人道意義上存在基本上互不相關，所謂理、氣、道體、大全等等都是離開人道（人的歷史實踐與認識過程）的邏輯規定。可以看到，被本體論（新理學的形而上學）所分離的天道與人道，在人生哲學中又開始走向統一。從某種意義上說，天地境界的內在哲學意蘊就在於重新打通了天道與人道、本體世界的存在與人的存在。

　　天地境界所體現的同天之境，似乎又回到了天人合一的傳統觀念，不過，它又並非傳統觀念的簡單重複。從哲學史上看，儒家與道家都講天人合一，但二者的側重之點卻相去甚遠。儒家強調人道原則，天與人的合一首先以化天之天（自然）爲人之天（

自然的人化）爲前提；道家主張「無以人滅天」，其天人合一的
要求更多地表現爲由人之天回歸天之天（自然）。前者（儒家）
往往容易走向以人道消解天道，後者（道家）則傾向於以天道消
解人道。從其境界說出發，馮友蘭對儒道都提出了批評：「道德
境界與天地境界中間底分別，道家看得很清楚，但天地境界與自
然境界中間底分別，他們往往看不清楚。自然境界以天地境界中
間底分別，儒家看得比較清楚，但道德境界與天地境界中間底分
別，他們往往看不清楚。」（《全集》第四卷，第560頁）未能
區分自然境界與天地境界，意味著將人道歸結爲天道；昧於道德
境界與天地境界之別，則將邏輯地導致以人道涵蓋天道。前者強
化了自然原則而忽視了人道原則，後者則突出了人道原則而未能
給自然原則以適當定位。與儒道有所不同，馮友蘭的天地之境既
以理性的自覺爲內容，從而超越了自然之境的混沌，又表現爲化
德性爲天性（化德性爲人的第二天性），從而超越了勉強思爲的
道德之境。其中或多或少地包含著自然原則與人道原則的統一。

　　從新理學到天地境界，馮友蘭對存在的考察經歷了由天人相
分到天人合一的轉換。作爲天人統一的體現，自然原則與人道原
則似乎表徵著人的存在的二種向度：即自然的人化與人的自然化。
自然的人化常常與理性化相聯繫，其目標在於使人由前社會化的
個體提升爲理性的存在；人的自然化則要求抑制理性的過度強化，
避免理性本質對個體存在的專制，二者內在地滲入了某種價值觀
的意義；同時，天地境界要求超越人爲的勉強，在同乎天地宇宙
中達到從容中道，也表現了對自由之境的嚮往，後者同樣可以看
作是一種價值追求。馮友蘭從以上諸方面規定人的存在，無疑在
一定程度上注意到了存在論（本體論）與價值觀的聯繫。

三

　　新理學作爲一種形而上學，以第一因的追問爲其內在主題，所謂理、氣、大全等等，都關聯著存在的第一因。按其本性，第一因總是有超越名言的一面，馮友蘭對此並不諱言：「嚴格地說，大全，宇宙，或大一，是不可言說底。」「大全，宇宙，或大一，亦是不可思議底。」（《全集》，第四卷，第30頁）同樣，就人的存在而言，其最高境界也具有超越名言的性質「同於大全的境界，亦是不可思議的。」（同上，第635頁）這樣，存在與名言的關係，便成爲不能不正視的問題。

　　按馮友蘭的看法，所謂不可說，其具體所指又各有不同。就天道而言，不可說的情形大致有二。其一，所欲說的對象「無性」，如作爲絕對質料的眞元之氣，便由於無性而難以言說：「氣所以不可名狀，不可言說，不可思議者。因其無性也。」（同上，第48頁）無性也就是缺乏任何屬性。要對某物有所言說，往往需以該物作主詞，以它的某種規定或屬性作謂詞，從而形成一個命題，而作爲終極質料因的眞元之氣既然無任何屬性，因而也就無法言說。其二，所欲說的第一因至大無外，故不可說：「大全，宇宙，或大一，是不可言說底。因其既是至大無外底，若對之有關所言說，則此有所言說即似在外。」（同上，第30頁）同時，一般的名言總是分別地表示一個個的具體對象或對象的各個方面，而大全則是不可分的整體，這樣，終極的存在總是有超乎名言之域的維度。

　　然而，終極的存在儘管不可言說的，哲學卻仍要對其有所言說，在馮友蘭看來，哲學的特點就在於說不可說，思不可思：「對於不可思議之思議，對於不可言說之言說，方是哲學。」（同

上，第10頁）從哲學史上看，「說」大致可以有如下幾種形式，即描述（description）、表達（expression）、規定（prescription）。描述是「說」經驗對象的方式，表達是「說」主體內在情感、期望、意願等等的方式，規定則可以看作是「說」本體世界的方式。作爲形而上學的言說方式，規定近似於康德所謂給自然立法，它既不同於對經驗對象的描述，也有別於主體情理世界的表達。如果說，描述指向實然，表達蘊含應然，那麼，規定則似乎是實然與應然的某種交錯：它包含著把握實然的意向，但又滲入了應然的設定。就其爲形而上學的對象而言，終極存在也似乎是一種「實然」的存在，但它又非經驗的存在，無法加以描述，因而在對其作言說時，往住只能借助形而上學的範疇（如大全等），把它「規定」爲如此這般的存在。

作爲「說」終極存在的方式，規定似乎又有不同的側重點，要而言之，即實質地規定與形式地規定，或實質地說與形式地說。形式地規定更多地著眼於邏輯關係，實質地規定則涉及時空中的存在。傳統的形而上學較多地傾向於實質地說，如程朱理學對理、氣、心等等的規定，便常常是一種實質地說，他們往往賦予理、氣等以實際的內容，亦即將其放在時空中來加以規定，從而「不免著於形象」。馮友蘭曾對此提出了批評：「然宋儒對於理之爲非實際底亦有看不清楚，或說不清楚者。例如宋儒常說：『理之在物者爲性』，『心具衆理而應萬物』。此等話是可解釋爲以理爲『如有物焉』。此錯誤有時雖即朱子亦不能免。若不能免此錯誤，則講理自有種種不通之處。」（《全集》，第四卷，第39頁）與傳統形而上學不同，馮友蘭更傾向於形式地說。新理學以眞際爲哲學的對象，它「對於眞際，只形式地有所肯定，而不事實地有所肯定。」（同上，第11頁）形式地說也就是邏輯地說，如上

所述，新理學的理、氣、道體、大全等都是純形式的準邏輯概念，而其四組命題則都是不涉及事實的分析命題或重言命題，馮友蘭亦將其稱爲「重言叙述」（《三松堂學術文集》，北京大學出版社，1984年，第555頁）。這樣，對終極的存在誠然必須加以規定（有所說），但這種說又只具有形式的意義。

馮友蘭試圖通過邏輯地說以建構形式化的形而上學體系，在理論上並不成功。他的邏輯地說，與程朱理學的實質地說儘管形式不同，但仍是一種思辯地說，或邏輯的思辯。哲學按其本性很難形式化，邏輯實證主義曾試圖以人工語言來淨化和重建哲學，但並未能達到這一目標，後來分析哲學轉向日常語言的研究，也表明哲學形式化的路難以走通。馮友蘭希望以形式地說來避免傳統形而上學的困難，似乎同樣未能如願以償。不過，馮友蘭在以上討論中所涉及的存在與名言的關係，卻是一個重要的哲學問題。如果把終極意義上的存在理解爲世界的統一性原理與發展原理，那麼，這裡確實有能否說以及怎樣說（怎樣以名言來表達）的問題，哲學史上不少哲學家，從莊子到海德格爾、維特根斯坦等，都注意到了這一問題。一般的名言在把握統一性原理與發展原理上，無疑有其限度，名言與超名言之域的張力如何化解，確是一個理論難題。儘管馮友蘭並沒有能眞正解決這一問題，但他的不成功卻從一個方面提示我們：應當在形式地說之外另闢新徑，而可以選擇的思路之一則是在認識的歷史展開過程中，通過概念的辯證運動，不斷在有限中切入無限，在相對中把握絕對。當然，如後文將要論及的，在如此「說」的同時，不能忽視存在的超名言這一面。

邏輯地說主要從天道的角度把握存在，就人道而言，存在的最高形態是天地境界。如前所述，這種境界在馮友蘭看來也是不

可言說的。天地境界的特點是渾然與物同體，亦即與物無對；而言說總是有對，要分能與所、此與彼，換言之，所說總是在說之外，從而難以「合內外之道」。但對不可言說者，還是要加以言說，「不過言說以後，須又說其說不可言說底。」（《全集》，第四卷，第635頁）天地境界是無對之域，其得（達到）、其達（表達）都要求破對待，亦即超越己與物、天與人、內與外的對立，而欲破對待，則顯然不能僅僅依靠邏輯的分析。馮友蘭曾把形而上學的方法區分爲二種，即所謂正的方法與負的方法：「眞正形上學的方法有二種：一種是正底方法，一種是負底方法。正底方法是以邏輯分析法講形上學，負底方法是講形上學不能講，講形上學不能講，亦是一種講形上學的方法。」（《全集》，第五卷，第173頁）負的方法可以表現爲破，亦即破日常知識所執著的對待，也可表現爲類似詩的直覺，破日常對待之後是物我同體的了悟，詩的直覺則給人以天人合一的意境。如果說，在本體世界的邏輯建構中，馮友蘭主要運用了正的方法，那麼，對天地境界的設定，則似乎更較多地關聯著負的方法。作爲人存在的方式和狀態，天地境界所涉及的實際上已不僅僅是「說」的問題，而更多地是「在」的問題。

　　名言與超名言的關係，是哲學的題中之義。哲學總是在終極意義上討論世界的存在與人的存在，而對存在的考察則內在地引向世界的統一性原理與發展原理。追問世界的統一性原理與發展原理當然也屬於廣義的認識過程，但這種認識已不同於經驗領域的知識，而是指向智慧之境。智慧不僅僅是對本體世界的知，它同時也是人自身精神的提升；世界的存在與人的存在，對第一因（本體世界）的探尋與人自身境界的提升，本質上是相互聯繫的。按其本義，把握世界的統一性原理與發展原理，也就是在有限中

切入無限，在相對中體認絕對，而人自身也由此逐漸達到物我、主客統一的境界。這一過程，馮友蘭稱之爲「轉識成智」。在他看來，當人由經驗領域的知識進而了解此種知識與宇宙人生的關係時，「則此以前所有底知識，即轉成智慧。借用佛家的話說，此可謂之『轉識成智』。」（《全集》，第四卷，第542頁）

作爲一種智慧之境，存在的體認與人的境界既在名言之域中，又超乎名言之域。一方面，我們可以以概念、命題等來表達哲學的智慧，如以「物我兩忘」來表示人所達到的某種境界，事實上，哲學史上一切眞正有創見的哲學家，都以不同的方式表達了其哲學的智慧，他們的本文（text），便是一種由概念、命題等構成的名言體系；但另一方面，哲學的智慧又確實有不可說的一面：當主體在有限之中切入了無限，在相對之中體認到了絕對時，他所達到的境界已在某種意義上轉化一種存在狀態，質言之，已與他的存在合一。此時他固然也可用「內不覺其一身，外不察乎宇宙」之類的名言來表達他所達到的境界，但這種狀態本身，卻難以傳達：他只能使人在抽象義理的層面知其境界，但卻無法讓人眞正理解這種境界對他所具有的內在意義。總之，智慧之境作爲人存在的境界，雖可用名言來描述，但它更多地是以主體自身的存在來確證：它已凝化爲主體一種內在精神結構，滲入人的整個存在之中。在這裡，問題已不僅僅是「說」，而且是「在」。馮友蘭肯定在天地境界中已「言語路絕」（《全集》，第四卷，第634、697頁），似乎亦注意到了這一點，而從新理學到人生境界說，在某種意義上也表現爲邏輯地「說」轉向實際地「在」。

存在的追問邏輯地導向智慧之境，智慧之境又通過由「說」到「在」的轉換而與人的存在合一。從存在的追問提升到智慧之境與化智慧之境爲存在相互聯繫，展開爲一個動態的過程，而這

一過程本身又基於人的歷史實踐。如果要對馮友蘭關於存在與境界之說在理論上作創造的轉換,那麼,以上闡釋也許可以成爲思考方向之一。

知識與智慧

　　20世紀的下半葉，中國的哲學界雖然並不沉寂，但卻很少有真正自成一系的哲學家。然而，在這個世紀即將終結之際，馮契先生（1915—1995）卻以其深沉的思辯和吞吐百家的氣度，在當代中國哲學中獨樹一幟。與歷史上一切真正的哲人一樣，馮先生畢生從事的，是智慧的探索。直到生命的最後日子，他依然沒有中斷哲學的思考。在半個多世紀的思想跋涉中，馮先生既歷經了西方的智慧之路，又沉潛於中國的智慧長河，而對人類認識史的這種契入與反省，又伴隨著馬克思主義的洗禮及時代問題的關注。從早年的《智慧》到晚年的《智慧說三篇》，馮先生以始於智慧又終於智慧的長期沉思，爲中國當代哲學留下了一個創造性的體系。

一

　　知識與智慧的關係，是馮先生關注的中心問題之一。知識以名言之域爲對象，智慧則指向超名言之域。從哲學史上看，康德在追問普遍必然的知識何以可能的同時，又考察了形而上學是否可能的問題，而現象與物自體的二分，則蘊含了名言之域與超名言之域的分離。康德之後，黑格爾試圖重新統一本體與現象、名言之域與超名言之域，但其終始於絕對觀念的思路，似乎將重心更多地放在超名言之域。在所謂後黑格爾時代，康德哲學蘊含的二重性，進一步外化爲不同哲學思潮之間的對峙。人本主義（人

文主義）以存在意義等爲哲學思考的終極對象，實證主義則將哲學限定在現象——經驗之域。這種格局，在20世紀的現象學與分析哲學的分野中，得到了更深刻的延續。

本體與現象、名言之域與超名言之域的對峙，也以某種形式再現於中國近代。具有實證主義傾向的哲學家較多地關注經驗領域的知識，與之相對的玄學則將目光一再地投向終極本體，在20世紀初葉的科學與玄學論戰中，科學主義與人本主義的緊張進一步外化爲二大思潮的對立。這種緊張與對立同樣體現於哲學家個人。嚴復在強調可知者僅限於對待之域的同時，又設定了不可思議的無對之域，從而凸現了經驗界與超驗界的對峙。王國維提出了「可愛」與「可信」的二律背反，以爲實證主義雖然可信，但卻不可愛；形而上學雖可愛，卻不可信。金岳霖進一步對元學態度與知識論的態度作了區分，認爲知識論的裁判者是理智，而元學的裁判者是整個的人；研究知識論我可以暫時忘記我是人，用客觀的、冷靜的態度去研究，但在元學上，我不僅要求理智的了解，而且要求得到情感的滿足。如何超越對待之域與無對之域、可信者與可愛者、知識論與元學的對峙？這是困擾中國近代哲學的難題。

中國近代哲學面臨的如上難題，構成了馮先生哲學思考的出發點。早在青年時代，馮先生便「眞正感受到自己有一個哲學問題非要解決不可」，[1] 這個問題就是知識與智慧的關係。與金岳霖不同，馮先生對認識論作了廣義的理解，認爲它不應限於知識論（theory of knowledge），而且應研究智慧的學說，要討論元

1　馮契：《智慧的探索》，華東師範大學出版社，1994年，第603頁。

學如何可能、理想人格如何培養等問題。通過總結哲學史，馮先生將認識論的問題具體概括爲四個：感覺能否給予客觀實在？理論思維能否把握普遍有效的規律性知識？邏輯思維能否把握具體眞理（首先是統一性原理和發展原理）？理想人格或自由人格如何培養？這裡既涉及具體經驗領域的知識，又涉及關於性與天道的智慧，元學與知識論統一於廣義的認識論。

按馮先生的理解，廣義的認識過程包括二個飛躍，即從無知到知的飛躍和從知識到智慧的飛躍。由無知到知的過程發端於實踐中獲得的感覺，這種感覺能夠給予客觀實在。馮先生吸取了金岳霖的觀點，認爲知識經驗領域無非是以得自經驗者還治經驗，得自經驗者即是概念，用概念來摹寫和規範經驗，以得自現實之道還治現實，由此形成了知識經驗。作爲知識經驗主體的「我」，運用邏輯範疇進行思維，運用歸納與演繹相統一的接受總則統率經驗領域。形式邏輯與接受總則即構成了普遍有效的規律性知識之所以可能的條件。

經驗知識涉及的是名言之域，在馮先生看來，認識並不限於經驗領域，它同時指向性與天道，後者即是智慧之域。如果說認識論的前二個問題主要關聯著經驗知識，那麼，智慧則更多地涉及認識論的後二個問題。就具體眞理而言，其最高的形態可以歸結爲世界的統一性原理和發展原理，用中國哲學的術語來說，即是關於性與天道的認識；而關於道的眞理性認識又內在地關聯著人發展，後者便展開爲自由的人格。馮先生肯定，邏輯思維能夠把握具體眞理：人能夠在有限中認識無限，在相對中揭示絕對，而這一過程即表現爲從知識到智慧的飛躍。就對象而言，通過如上飛躍，自在之物不斷化爲爲我之物；就主體而言，精神由自在而自爲，自然賦予的天性逐漸發展爲自由的德性，從而達到理想

的人格。

知識所注重的是有分別的領域，它可以用名言來把握。就表達而言，知識是由命題（包括特殊命題與普遍命題）分別地加以斷定，分別地作出肯定或否定的判斷，並以語句分別地加以陳述；就所表達（所知）而言，則是把對象區分為一件件的事實，一條條的定理，以把握事實和條理之間的聯繫，知識經驗的領域即是以名言概念來區分的世界，無論是特殊命題，還是普遍命題，其真都是有條件的、相對的。與知識不同，智慧所把握的是有關宇宙人生的根本原理，它的目標是求窮通，亦即窮究宇宙萬物的第一因和人生的最高境界，揭示貫穿於自然、人生之中無不通、無不由的道，並進而會通天人，達到與天地合其德的自由境界。總之，智慧追求的是無條件的、絕對的、無限的東西，「這就是難以言傳的超名言之域了」[1] 而從知識到智慧的飛躍，便相應地意味著從名言之域走向超名言之域。

如何實現從名言之域的知識到超名言之域的智慧？馮先生從理性直覺、辯證綜合、德性自證諸方面作了考察。轉識成智的飛躍，旨在領悟有限中的無限，相對中的絕對，這種領悟往往是頓然之間實現的，它表現為哲學上的理性直覺。理性直覺是感性和理性的統一，它通過破而超越對待，通過立而揭示相對之中的絕對，由此達到天人、主客、能所的統一，而這一過程本身又實現於認識的無限的前進運動。通過理性直覺達到的領悟，必須以辯證的綜合來論證和表達。馮先生區分了總名與達名，達名表示的是最高的類，總名所表示的是元學的理念，亦即大寫的Idea，總

1　馮契：《認識世界與認識自己》，華東師範大學出版社，1996年。

名可以看作是達名的辯證綜合，如時空範疇便是達名，當我們說在有限中揭示無限，在瞬間把握永恆時，便是以時空範疇作辯證的綜合，以表述超名言之域。與辯證綜合相聯繫的是德性的自證。理性直覺與辯證綜合的主體是我，我不僅有意識，而且能自證其德性，亦即對自己的德性作反思和驗證，在言行一致的活動中自證其德性的眞誠與堅定。

可以看出，從無知到知、又從知識到智慧的飛躍，既是知識論的問題，又是元學或本體論的問題；以廣義的認識論爲基礎，馮先生對知識與本體論作了溝通，並由此展示了統一本體與現象、名言之域與超名言之域的獨特思路。統一的認識過程既以分別地把握一個個的事實、一條條的定理爲內容，又要求對存在作終極的思考，然而，在哲學史上，二者往往被置於不同的序列，與之相應的是知識論與本體論、科學認識與存在體認、邏輯分析與人文關切的分離。康德區分感性、知性、理性，前二者屬於知識論問題，後者則大致可歸入本體論之列。從形式上看，將知識論與本體認放在感性、知性、理性等範疇之下加以討論，似乎表現了以認識論統一二者的趨向，但康德同時強調，感性、知性與理性之間存在難以逾越的鴻溝，而這種分離又對應於現象界與物自體的二分，它在以感性、知性、理性聯結認識過程的同時，又以二種認識能力的分離割裂了這一過程。知性與理性的並列和分離，實質上也就是知識與智慧的分離，而其結果則是本體與現象、科學認識與元學的彼此隔絕。康德的思路帶有某種典型意義，爾後實證主義與人本主義的對立可以看作是這一思路的繼續：二者從不同的角度截斷了統一的認識過程，並分別強化了其中的一個方面。

與近代哲學的以上思路不同，馮先生將知識與智慧視爲統一

的認識過程的二個方面，以二重飛躍（從無知到知、從知識到智慧）聯結了康德的知性與理性。作爲統一的認識過程的二個方面，知識與智慧並不是彼此並列或對峙的二重序列，知識之中即包含著智慧的因素，智慧則始終與知識經驗有著內在的聯繫。知識固然應向智慧轉化，但轉識成智的飛躍是在與知識經驗的聯繫中實現的。「不能把知識與智慧割裂開來，飛躍不是割裂。」

　　馮先生以廣義的認識論超越本體與現象、知識論與元學、名言之域與超名言之域對立，也可以看作是對現代西方哲學的回應。在20世紀西方哲學的演進中，維特根斯坦從語言哲學的角度，對存在作了劃界，以爲哲學只能限定於可說者，對不可說者應保持沉默，這是執著於名言之域而拒斥超名言之域，它所體現的實質上乃是一種狹義知識論的立場。海德格爾一再追問存在的意義，並要求探究存在者的存在，而這種追問與探究又關聯著對科學的世界圖景的批評以及對人生的終極關切，它往往超越了普通的名言之域，而引向詩化意境，它所體現的是一種疏離於科學認識的元學（形而上學）的立場。維特根斯坦與海德格爾在某種意義上代表了現代西方哲學二種基本的思維趨向，而其共同的特點則是名言之域與超名言之域的分離。馮先生以知識與智慧相統一的廣義認識論打通知識論與元學、名言之域與超名言之域，顯示的是一種不同於現代西方哲學的視野。儘管也許很難說其智慧說已一勞永逸地終結了科學主義與人本主義的對峙，但它無疑爲解決這種對峙提供了富有啓示的思路。

二

　　馮先生以智慧說爲其哲學的主旨，展開來看，智慧說即是關於性與天道的理論。性與天道既相互聯繫，又可以分別地加以考

察。就天道而言，問題總是涉及本體論。本體論的研究大致有二種思路。其一是在人的認識過程之外構造種種宇宙模式或世界圖景，這種模式或圖景往往容易陷入思辯的虛構。其二則是從認識過程出發考察存在。

　　從哲學史上看，康德的思路有其值得注意之點。他把人的認識能力區分爲感性、知性、理性，並由此出發，對存在作了相應的規定：對應於感性與知性的是現象界，對應於理性的則是本體世界。不過，儘管康德的以上思路避免了構造形而上學的自然哲學，但他同時又由割裂人的認識能力而截斷了統一的認識過程，把本體世界推向了不可知的彼岸。這樣，康德事實上在將認識論與本體論聯繫起來的同時，又隔離了二者（將本體置於認識過程所及的領域之外）。與之相聯繫，康德亦難以完全擺脫形而上學的虛構：從物自體的設定中便不難看到這一點。

　　在考察天道的出發點上，馮先生與康德有相近之處。儘管和實證主義不同，他並不拒絕討論本體論問題，但他從不試圖在認識過程之外去構造一個本體論體系。馮先生把智慧學說界定爲關於性與天道的理論，而後者的具體內容便是認識世界與認識自己（《智慧說三篇》的主幹部分即以《認識世界與認識自己》爲題）。這樣，在馮先生那裡，天道的理論便被理解爲認識世界的問題。

　　從認識世界的過程看，自然界在尚未進入人的認識領域時，表現爲自在之物。不過，與康德不同，馮先生強調，自在之物並非永遠處於認識領域的彼岸，自在之物與爲我之物之間不存在無法逾越的鴻溝，二者的界線在不斷的變動。自在之物可以看作是尚未進入認識過程的爲我之物，爲我之物則是相對於主體認識的自在之物，二者的區分首先具有認識論的意義。從認識論的角度看，自在之物也就是所謂「天之天」，亦即本然界，由於理性之

光尙未照射，本然界也可視爲無對待之域，它既無所謂彼此之分，亦無能所之別。從無對待之域到對待之域的轉化，是通過基於實踐的認識過程而實現的：人類正是在實踐的基礎上，不斷地化天之天（自在之物）爲人之天（爲我之物）。馮先生對存在的看法，體現了實踐唯物主義的原則，而不同於思辯的形而上學。

天道作爲道，具體表現爲統一性原理和發展原理。馮先生認爲，我們訴諸每個人的實踐經驗，親身體驗到感覺能夠給予客觀實在，這個客觀實在就是感覺到的爲我之物，但它又是獨立於感覺的自在之物，由此我們就有了客觀實在或物質這個範疇，而這同時又構成了我們把握世界統一性原理的出發點。馮先生區分了作爲客觀實在的物質與作爲世界統一性原理的物質。物質作爲感覺給予的客觀實在，是認識論的首要前提，物質作爲世界統一性原理，則是認識長期發展的成果，後者的內涵更爲豐富，但它又以前者爲基礎。物質與運動不可分，這就決定了統一性原理總是關聯著發展原理。無論是世界的統一性原理，還是世界的發展原理，本質上都不是一種先驗的設定，而是在現實的認識過程中被不斷揭示的。

自在之物在未進入認識領域前，屬於本然界，在認識過程中，主體作用於客觀實在，在感性直觀中獲得所與，進而形成抽象概念，以得自所與還治，從而使本然界化爲事實界。事實是爲我之物，事實界是已被認識的本然界，知識經驗就在於不斷化本然界爲事實界。

本然界是未分化的無對之域，事實界則是分化了的現實，具有無限的多樣性。不同的事實既占有特殊的時空位置，又形成了相互聯繫之網，其間具有內在的秩序。馮先生考察了事實界最一般的秩序，並將其概括爲二條。其一是現實並行不悖，其二爲現

實矛盾發展。馮先生吸取了金岳霖的觀點，認爲從消極的方面說，現實並行不悖是指現實世界沒有不相融的事實，而所謂相融則是指空間上並存，時間上相繼的現實事物之間不存在邏輯的矛盾：我們可以用兩個命題表示兩件事實而不至於矛盾。就積極的方面說，並行不悖便是指一種自然的均衡或動態的平衡，這種均衡使事實界在運動變化過程中始終保持一種有序狀態。馮先生認爲，事實界這種並行不悖的秩序既爲理性地把握世界提供了前提，也爲形式邏輯提供了客觀基礎：形式邏輯規律以及歸納演繹的秩序與現實並行不悖的秩序是一致的。在此，本體論的考察與認識論始終聯繫在一起。

　　事實界的另一基本秩序是矛盾發展。自然的均衡總是相對的，事物間的並行也有一定的時空範圍，事實界的對象、過程本身都包含著差異、矛盾，因而現實既並行不悖，又矛盾發展。馮先生一再指出，只有把現實並行不悖與現實矛盾發展結合起來，才能完整地表述現實原則。如果只講並行不悖而不談矛盾發展，便只是描述運動、變化，而未揭示運動的根源。並行不悖是具體化、個體化的現實原則，但只注意現實有歸納演繹的秩序，並不能眞正把握現實中的具體。事實界既有以並行、均衡的形式表現出來的秩序，又有以矛盾運動的形式表現出來的秩序，正如前者構成了形式邏輯的客觀基礎一樣，後者構成了辯證邏輯的客觀基礎。不難看出，馮先生在此乃是將事實界的秩序作爲思維邏輯的根據和前提來把握。

　　事實界既有一般的秩序，又有特殊的秩序，這種秩序體現了事實間的聯繫，是內在於事的理。事與理相互聯繫：事實界的規律性聯繫依存於事實界，而事實之間又無不處於聯繫之中，沒有脫離理性秩序的事實。理與事的相互聯繫，使人們可以由事求理，

亦可以由理求事，換言之，內在於事的理既爲思維的邏輯提供了客觀基礎，又使理性地把握現實成爲可能。

思維的內容並不限於事與理，它總是超出事實界而指向可能界。從最一般的意義上看，可能界的特點在於排除邏輯矛盾，即凡是沒有邏輯矛盾的，便都是可能的。同時，可能界又是一個有意義的領域，它排除一切無意義者。二者相結合，可能的領域便是一個可以思議的領域。馮先生強調，可能界並不是一個超驗的形而上學世界，它總是依存於現實世界。「成爲可能的條件就在於與事實界有並行不悖的聯繫。」可以說，可能界以事實界爲根據。

事實界中事物間的聯繫呈現爲多樣的形式，有本質的聯繫與非本質的聯繫，必然的聯繫與偶然的聯繫，等等，與之相應，事實界提供的可能也是多種多樣的。馮先生認爲，從認識論的角度看，要重視本質的、規律性的聯繫及其所提供的可能，後者即構成了現實的可能性。現實的可能與現實事物有本質的聯繫，並能夠合乎規律的轉化爲現實。可能的實現是個過程，其間有著內在秩序。從可能之有到現實之有的轉化既是勢無必至，亦即有其偶然的、不可完全預知的方面，又存在必然的方面，因而人們可以在「勢之必然處見理」。與事實界的考察一樣，馮先生對可能界的理解，始終沒有離開人的認識過程。從事實界到可能界的進展，現實的可能與非現實的可能之區分，由可能到現實的轉化，都在不同意義上對應於人的認識秩序。

事實界的聯繫提供了多種可能，不同的可能對人具有不同的意義。現實的可能性與人的需要相結合，便構成了目的，人們以合理的目的來指導行動，改造自然，使自然人化，從而創造價值。事實界的必然聯繫所提供的現實可能（對人有價值的可能），通

過人的實踐活動而得到實現，便轉化爲價值界，價值界也可以看作是人化的自然。價值界作爲人化的自然，當然仍是一種客觀實在，但其形成離不開對現實可能及人自身需要的把握。在創造價值的過程中，人道（當然之則）與天道（自然的秩序）是相互統一的，而價值界的形成則意味著人通過化自在之物爲爲我之物的實踐而獲得了自由。

以本然界、事實界、可能界、價值界爲主幹，馮先生展開了其智慧說中的天道理論。這種考察無疑具有本體論意義，但它又不同於思辯的本體論：它的目標並不是構造一個形而上的宇宙模式或世界圖景，而是認識世界爲主線，闡明如何在實踐的基礎上以得自現實之道還治現實，從而化本然界爲事實界；通過把握事實界所提供的可能以創造價值，在自然的人化與理想的實現中不斷達到人的自由。馮先生的這種思路既不同於傳統的形而上學，也有別於一般現行的教科書。後者通常以物質爲出發點，並由此展開與認識論並列的所謂自然觀，這種被置於認識過程之外的自由觀，往往很難擺脫獨斷的性質。馮先生在認識世界的過程中談天道，並把這一過程與通過價值創造而走向自由聯繫起來，體現了本體論、認識論、價值論的統一，這一研究路向無疑有其獨到之處。

三

智慧說作爲性與天道的理論，既以認識世界爲內容，又關聯著認識自己。按馮先生的理解，認識自己是指認識作爲精神主體的人類（包括群體與個體）的本性，它所要解決的問題是「我」（自己）如何自由在而自爲，而這一過程總是涉及心與性的關係問題。心即作爲精神主體的自我，它的本質特點在於有靈明覺知；

知是認識，覺則指有意識。與心相對的性是指本性或本質，包括
人的天性與德性。馮先生認為，心與性不可等同。就性而言，人
的本性或本質不僅僅在於有靈明覺知，它還包括無意識、非理性
的力量，以及人的社會性等；而人的靈明覺知則不僅要求把握人
性，而且以認識天道（自然界及其秩序）為目標。因此，心與性
並不重合。這種界說既避免了將人性僅僅歸結為理性意識（覺知），
也拒絕了把理性意識完全限定於人性之域，它為具體而不是抽象
地理解自我（賦予自我以具體的品格）以及統一存在與本質提供
了理論前提。

　　性與天道相聯繫，認識自己與認識世界是同一過程的二個方
面。就所知而言，人的認識在於化自在之物為為我之物；就能知
而言，認識則在於主體精神由自在而自為。單純的感官活動實際
上沒有「覺」，這種感性直觀的我還處於自在狀態，通過化所與
為事實，我才真正有了覺。自我由自在而自為的過程，既是作為
精神主體（心靈）的自覺，又表現為由天性到德性的進展；靈明
覺知之心的發展與人性的發展相互關聯，而其總的演進方向則是
主體由必然領域提升到自由之境。馮先生的這些看法進一步展開
了廣義的認識論觀點，如果說，從無知到知、又從知識到智慧的
飛躍從縱向肯定了認識過程的統一性，那麼，認識世界與認識自
己的統一則從橫向強調了這一點。同時，將主體由自在到自為理
解為心的靈明覺知與德性的雙重提升，則注意到了理性意識的自
覺與人性的全面發展的統一。

　　心性具有多方面的內涵，並展開為一個過程。在馮先生那裡，
心性內涵的展開邏輯地對應於天道的演進。就認識世界而言，人
們首先化本然界為事實界，並由此獲得知識經驗，知識經驗的綜
合統一性就在於我思（統覺），這種統攝知識經驗的思維能力及

其活動便是主體意識。簡言之，在知識經驗的領域，心取得了主
體意識的形式，而其具體內涵則表現爲思維能力與思維活動的統
一。不過，馮先生同時強調，心靈是一個整體，其中理性與非理
性（情感、意志、直覺等）是相互聯繫著的。與心相對的是性。
心的靈明知覺（主體意識）固然以思維能力與思維活動爲主導的
方面，但人性（人的本質）卻不能僅僅歸結爲思維能力。馮先生
首先從類的角度考察了人的本質，認爲人的類本質即在於自由勞
動，它具體表現爲感性活動與理性思維的統一。這種看法既不同
於人性即理性的理性主義，也有別於生之謂性的經驗論。

　　在化本然界爲事實界之後，主體還應從事實界的聯繫中揭示
其中蘊含的多種可能。與可能界及其實現過程相聯繫，便應注意
主體的社會意識與社會存在。認識是一個通過不同意見的爭論而
展開的過程，每一意見表示一種可能，意見的分歧說明了可能的
多樣性。作爲爭論的參與者，主體已不僅僅是類的分子，而且是
社會關係中的自我，主體意識則相應地包含著社會意識。意識主
體不僅具有統覺（以我思統攝知識經驗），而且又以一定的社會
意識作爲觀察問題的視角。自我可以看作是小我與大我的統一，
其考察對象時所運用的觀點，總是理性認識與社會意識的交融。
與人心（意識）的這一層面相應，人性（人的本質）也呈現出社
會性的特徵：「在其現實性上它是一切社會關係的總和。」這樣，
馮先生便由人的類的本質進展到了社會的本質，亦即不僅從人類
學上，而且從社會學上對人性（人的本質）作了規定。

　　作爲個體意識與社會意識統一的主體意識隨著社會歷史的發
展而逐漸提升爲自由意識。自由意識與化可能界爲價值界相聯繫，
是人在創造價值、改造自然、發展自我中達到的主客統一意識。
這種自由意識首先表現爲主體作爲主宰者的意識，亦即自由的人

格意識。任何自我都可以自覺地在自己的創造性勞動中改造自然，培養自己的能力，於是自作主宰，獲得自由。在這過程中，他不僅能夠支配外在的自然，而且也能支配自己內在的自然（天性）。由此形成的自由人格，是一種平民化的、多數人可以達到的人格，它也可以看作是一種自由的德性。

馮先生對心性的考察以認識自己為主線，心與性既相互區別，又相互關聯，最後指向自由的人格。自由人格的培養首先涉及廣義的天人關係，一方面，人的天性在未經人化時，往往具有本然的形態，它只有通過一個從自在到自為的過程才能形成德性；另一方面，人化的過程又不能完全離開天性，它總是以天性所提供的可能為根據，而並不是一種單純的外在強加，同時，德性在形成之後往往習慣成自然，從而不斷地歸於天性（成為人的第二天性）。天性經過人化而提升為德性，德性又以天性為根據並向天性復歸，天性與德性融合為一。馮先生對天性與德性的考察以馬克思的實踐觀為基礎，又吸取了儒家的人道原則與道家的自然原則，以及哲學史上的成性說複性說，在人格理論上體現了天與人的統一。

認識自己與造就自己都離不開存在與本質的定位。人作為社會關係的總和，無疑具有普遍的社會本質，但人同時又是作為一個一個的個體而存在，人在其現實性上總是普遍本質與個體存在的統一。本質主義片面強調人的普遍本質，並將其形而上化，從而對人的具體存在採取了虛無主義的態度；存在主義則以人的個體存在否定了其普遍本質，對人同樣作了抽象的理解。從中國哲學史上看，正統儒學在理欲之辯及群己之辯中突出了人的理性本質，表現出某種本質主義的傾向；馬克思主義傳入以後，教條主義又對其往往作了本質主義的理解，把人的個體存在淹沒於普遍

本質之中。有鑒於此，馮先生在分析人的社會本質時，一再批評本質主義。人的本質是社會關係的總和，而社會關係是許多個別人們之間的聯繫，本質不能脫離一個一個的人，不能脫離個性而存在。馮先生認為，本質主義的錯誤在於把個別僅僅視為一般本質的殊相，並由此將個別（單一）等同於殊相。這一看法深刻地揭示了本質主義的理論特徵。本質主義往往以一般為體，以個別為用，根據這種理解，個別（個體）便成為一種缺乏自性的殊相的集合，從而失去了其真實的存在。馮先生在指出人的社會本質的同時，又反覆強調不能忽視人的個體存在，這種看法把真實的自我和自由的人格理解為存在與本質的統一，表現了對存在主義與本質主義的雙重超越。

　　與批評本質主義相聯繫，馮先生對人性的異化現象作了考察。人性並非凝固不變，它在本質上展開為一個過程。歷史地看，勞動使人獲得了不同於動物的本質（人性），而勞動本身在自然經濟與商品經濟條件下都不可避免地會產生異化。自然經濟以人對人的依賴關係為特徵，與之相應的是各種權力崇拜觀念；商品經濟以物的依賴性為特徵，與之相應的則是金錢崇拜觀念。勞動異化以及與之伴隨的權勢欲、金錢欲往往導致人性的異化和扭曲，只有不斷克服這種異化，自我才能由自在到自為，形成自由的人格。

　　自我在走向自為的過程中，總是經歷著性與天道的交互作用。馮先生吸取了王夫之的有關論點，並對其作了實踐唯物論的引申。按馮先生的理解，性與天道的交互作用表現為凝道而成德。顯性以弘道的統一：在實踐活動中，客觀現實事物的感性性質授我以道（客觀規律與當然之則），我根據性之所近，習之所慣加以接受，使我的性得到培育而日生日成，這也就是凝道成性；轉過來，

我通過實踐活動而使性得以顯現，具有感性性質的客觀事物各以
其道（不同的規律與途徑）而使人的性（本質）對象化，亦即成
為人化的自然，這便是顯性弘道。在這一過程中，我逐漸達到理
性的自明、意志的自主、情感的自得，並真正形成自由的德性。

認識自我與造就自我是哲學史上古老而常新的論題，中國哲
學中的心性之學，西方哲學中的德性倫理學，都涉及到了這一問
題。心性之學作為儒家內聖理論的展開，在宋明時期已成為顯學。
理學家們從不同角度對心、性、理等關係作了辯析，多方面地深
化了人性與人格的理論。如成性說較多地考察了天性的人化過程，
複性說則突出了人格培養的內在根據以及德性向天性的回復。當
然，就總體而言，傳統的心性之學缺乏歷史實踐的觀點，心即性
的命題便表現了這一點；同時，以理性本體為人的本質，也很難
避免本質主義的趨向。不過，不能因為傳統心性之學的理論缺陷
而否定心性之學本身，而當代中國哲學往往忽視了這一點。心性
的討論似乎一直備受冷落，人格理論也成為哲學中的薄弱環節。
馮先生將實踐觀點與歷史唯物論引入心性之域，以認識自己和造
就自己為主線，考察了主體化天性為德性、從自在到自為的過程，
無疑既超越了傳統的心性之學，又為重建心性理論提供了新的思
路。

從西方哲學看，亞里士多德已提出了德性倫理學，其側重之
點在於培養自我的內在品格。在亞里士多德看來，德性為行為提
供了目的和方向，決定著主體對行為的選擇，並保證了行為的恒
常如一。作為內在品格，德性表現為實踐理性、主體意向以及情
感的統一。就德性與規範的關係而言，德性是內在的，規範則是
外在的，只有形成內在的德性，才能超越規範的外在強制，使行
為達到自覺與自願的統一。就行為與德性的關係而言，行為具有

多樣的特點，德性作爲相對穩定的品格，則總是統攝著具體境遇中的行爲。相對於道義論（義務論）之突出普遍的規範，功利主義（尤其是行爲功利主義）之注重具體行爲，德性倫理更多地關注於作爲行爲主體的自我。在現代西方哲學，隨著抽象的理性規範漸漸變得蒼白無力，分析哲學的元倫理學日益走向末途，亞里士多德的德性倫理學開始得到了重新確認，麥金泰爾、威廉姆斯等一再提出回到德性倫理學的口號。馮先生關於培養自由德性和人格的思想與西方的德性倫理當然存在深刻差異（他對德性的理解已不限於內在品格，而是賦予了更廣的歷史內涵），但在注重具體人格這一點上，與現代西方哲學的如上走向似乎又有相近之處。

　　認識世界與認識自己作爲性與天道的理論，屬於超名言之域。理論不能僅僅停留於形而上的層面，智慧學說在超越名言之域的同時，又要始終保持與知識經驗和具體人生的聯繫。馮先生以化理論爲方法、化理論爲德性概述了以上關係。化理論爲方法，主要說明認識的辯證法如何通過邏輯思維的範疇，轉化爲方法論的一般原理。馮先生運用客觀辯證法、認識論、邏輯相統一的觀點，吸取了中國傳統哲學的類、故、理等範疇，建立了一個辯證邏輯的範疇體系。[1] 化理論爲德性，則是指將認識的辯證法貫徹於價值領域，在實現眞善美理想的過程中，培養自由的人格。[2] 這樣，主體在認識世界和認識自己中轉識成智，又通過化理論爲方法、化理論爲德性而不斷地向知識經驗與現實人生回歸，知識與智慧、

1　參見馮契：《邏輯思維的辯證法》。華東師範大學出版社，1996年。

2　參見馮契：《人的自由和眞善美》。華東師範大學出版社，1996年。

名言之域與超名言之域展開爲一個基於廣義認識論的動態統一過程。

　　哲學自其誕生之時起，便與智慧結下了不解之緣。馮先生以智慧說上接哲學的源頭，創造性地運用馬克思主義的觀點，吸取了中國哲學與西方哲學的思維成果，範圍古今而進退之。他的理論，既可以看作是對20世紀中國哲學的總結，又表現爲對現代西方哲學的回應。作爲一種開放的體系，馮先生的智慧說當然並沒有終結中國哲學，但它無疑爲當代中國哲學的發展提供了一個新的起點。

科學主義視域中的人

　　本世紀二十年代初，中國思想界爆發了一場引人矚目的論戰，論戰的雙方分別爲所謂科學派與玄學派。玄學派的主將是張君勱，科學派的領銜人物則是丁文江。這場論戰雖然發端於人生觀，但所涉及的問題卻並不限於人生之域。在科學與玄學的這次公開交鋒中，科學派無疑佔了上風：相對於玄學派的稀疏陣勢，科學派一開始便應者雲集、聲勢逼人。這種幾乎一邊倒的論戰格局，從一個方面表明科學主義在中國近代已駸駸然成爲一種時代思潮。作爲科學主義的展開形態，科學派的理論走向具有多方面的歷史意蘊。

一

　　科玄之戰的文化歷史根源是多方面的，而其直接導因則是張君勱關於人生觀的論述。在題爲《人生觀》的講演中，張君勱對科學與人生觀作了嚴格的區分，認爲科學是客觀的，人生觀則是主觀的；科學爲論理學（邏輯學）所支配，人生觀則源於直覺；科學是分析性的，人生觀則是綜合性的；科學爲因果律所支配，人生觀則以意志自由爲前提；科學基於現象之同，人生觀則基於人格之異。在以上區分的背後，是如下信念，即科學有其自身的度限，不應當越界侵入人生觀。

　　與玄學派嚴於科學和人生觀之分並強調科學的界限不同，科學派注重之點首先在科學的普遍有效性。按科學派的看法，科學的作用範圍並無限制，從物理對象到人的意識，無不處於科學的

制約下，人生觀也同樣未能例外。較之玄學派之側重於科學與哲學的劃界，科學派的以上論點似乎更多地指向科學與哲學的統一。

科學派的以上看法明顯地滲入了某種實證論的觀念。就哲學與科學的關係而言，實證主義似乎表現出二重傾向。一方面，實證論力圖在科學與哲學——主要是傳統形而上學——之間加以劃界，孔德區分神學、形而上學與科學，已蘊含把傳統哲學從科學中清洗出去之意；爾後，在拒斥形而上學的旗幟下，科學與玄學（形而上學）之分進一步成為實證主義的基本原則。但另一方面，實證論又以不同的方式追求哲學的科學化以及科學的統一。當然，科學派對哲學與科學的關係的理解，乃是以科玄論戰為其背景，這使它在側重點上與西方的實證主義又並非完全重合。在科學與哲學的關係上，玄學派與傳統的形而上學的思路似乎有所不同，其主要思維方向並不在於以哲學涵蓋具體科學，而是強調二者之間各自的特殊性。正是通過科學與哲學的劃界，玄學派試圖為形而上學（包括人生觀）找到合法的立足之地。玄學派的這種立場，使反玄學的科學派更多地突出了科學與哲學的統一性，並進而以科學的普遍制約性，將玄學從其最後的領地中逐出。

從邏輯上看，人生過程總是以人生主體為其現實的承擔者。以人生觀的科學化為前提，科學派對作為主體的「我」亦作了相應的規定。「我」是甚麼？科學派作了如下界說：

> 「我」是由過去分子集合起來，這些分子無論如何集合，總要成一個「我」。在此意義上，我們也可以說經驗是原質，「我」是一種形式之存在……經驗變遷不息，「我」亦變遷不息。如果經驗大致相同，則其所構成的「我」也是大致相同，經驗是感官的感觸，「我」就是這些感觸之集合，並不是另外有一個形而上的「我」，可以脫離經驗

而存在。[1]

　　休謨在論述其經驗論原則時，曾把自我理解為相繼或並存的知覺，並由此拒斥了所謂超驗的「我」，馬赫、杜威等從不同的角度對此作了發揮，王星拱在其論著便曾不止一次地引用馬赫與杜威的話：「這個自己是甚麼呢？就是無限的個人經驗和種類經驗（即遺傳性）之麋集，所以杜威說，『自己是由過去的經驗集合起來的』；馬赫說『靈魂即自己也可以破成碎塊的。』」[2]科學派對「我」的界定，大致上承襲了休謨以來的經驗論傳統。前文曾論及，在說明科學的統一性時，科學派已將作為對象的物視為感覺的集合，「我」作為感覺的複合，與一般的物似乎並無本質的區別，事實上，科學派確乎常常將「我」與物等量齊觀，強調「我是物的分子」[3]。

　　由「我」與物的等同，自然引發了如下問題，即：人生主體的綿延同一與自我認同（identity）如何落實？作為感覺經驗的集合，「我」顯然不僅缺乏內在的統一性，而且相應地難以獲得時間中展開的綿延同一：感覺經驗所把握的總是某一方面的規定，這些規定無論怎樣相加組合，也不等於主體本身；而且，感覺往往相繼而起或稍縱即逝，從而無法為對象的綿延同一提供邏輯的擔保；另一方面，在物的層面上，「我」的反省意識與主體性的自我確認亦失去了內在的承擔者：作為物，「我」既無主體性規定，亦不存在自我認同的問題。不難看出，科學派對「我」的如上規定，蘊含著對人生主體的某種消解，它在理論上可以視為對

1　王星拱：《科學與倫理》，載《科學概論》（上海，商務印書館，1930年）。
2　王星拱：《環境改造之哲學根據》，載《哲學》（上海，1921年第2期）。
3　王星拱：《科學方法論・引說》（北京大學出版部，1920年）。

玄學派的回應。在人生觀之域,玄學派的基本立場是「我」的確認,張君勱一開始即表明了此點:「人生觀之中心點,是曰我。與我對待者,則非我也。」[1]

　　對「我」的如上消解,決定了科學派在人生觀上難以避免內在的張力。作為近代價值取向的認同者,科學派無疑傾心於人的自由、個性解放等近代價值原則,他們要求衝破傳統的束縛,主張個性的自由伸張,都表明了這一點。也正是基於這種個體的原則,科學派對個人的作用予以高度的重視,即使在《非個人主義的新生活》這種似乎批評個人主義的文章中,科學派的重要人物胡適依然認為:「人人都是一個無冠的帝王,人人都可以做一些改良社會的事」[2]。對個體原則的如上肯定,與方法論上強調對整體的分析,在邏輯上具有一致之處,它從一個方面表現了實證論與近代價值原則在科學主義中的融合。然而,由拒斥形而上的「我」而把「我」等同於感覺的集合,又使主體的自我認同趨於抽象和虛幻化,後者與個體的原則顯然存在著理論上的緊張:自我的消解,意味個體原則的架空。總之,與歷史啓蒙相聯繫的近代價值體系,內在地指向主體的自我認同;科學主義的立場,則趨向於將自我還原為物(對象)。對現代性啓蒙主義的維護,使科學派難以放棄確認個體原則的近代價值體系;科學主義的取向,又使「我」的消解及對象化成為必然的歸宿。科學派似乎始終未能超越以上的二難之境。

　　從「我」的物化及對象這一維度看,自我更多地表現為一種

1　張君勱:《人生觀》,載《科學與人生觀》。

2　胡適:《非個人主義的新生活》,載《新潮》二卷3號。

受制於因果律的存在。在科學派看來，因果律乃是宇宙間的根本
法則，它不僅制約著物理世界，而且也主宰著心理世界及人生領
域。胡適便斷言，「因果大法支配著他——人——的一切生活」
[1]。作爲因果系列中的存在，人與機器似乎已很少有實質的區別。事
實上，科學派確乎常常將人與機械等量齊觀，從唐鉞的如下論述
中，便不難看到此點：

> 人與機械的異點，並沒有普通所設想的那麼大。人類的行
> 爲（意志作用也是行爲）是因於品性的結構，與機械的作
> 用由於機械的結構同理。通常機械的作用，要機械負責，
> 和通常個人的行爲要個人負責一樣。[2]

　　類似的看法亦見於丁文江：「我的思想的工具是同常人一類
的機器。機器的效能雖然不一樣，性質卻是相同。」[3] 從「我」
的消解到人是機器，人生的領域已逐漸爲機械的世界所取代。

　　科學派以因果律爲支配人生過程的根本法則，並由此將人生
機械化，使人很自然的聯想到了康德。康德對現象界與物自體作
了嚴格的區分，在現象之域，因果律固然是基本的原理，但其作
用的範圍亦僅限於現象界；一旦進入實踐理性的領域，則因果律
的支配便開始爲意志的自律所取代，儘管康德對現象與本體的劃
界存在諸多問題，但把人的存在與作爲科學對象的物區分開來，
無疑又注意到了不能以因果律排斥人的自由。相形之下，科學派
將因果律視爲支配物理世界與人生過程的普遍法則，似乎打通了
康德所區分的現象界與實踐理性領域，它在追求科學與哲學、本

1　胡適：《科學與人生觀‧序》。

2　唐鉞：《機械與人生》，載《太平洋》，1924年四卷8號。

3　丁文江：《玄學與科學——評張君勱的〈人生觀〉》。

體與現象統一的同時，亦使因果律取得了強化的形態。

　　這種被強化的因果律，在科學派那裏往往取得了線性決定的形式。從現實的形態看，人生之域本質上具有實踐性，人的行為過程也總是受到多重因素的制約，而很難僅僅以線性的因果關係來解釋。人並不是被決定的物，除了外部的條件之外，人的行為同時受到理性的審查、意志的選擇、情感的認同等內在因素的影響，後者決非單純的線性因果律所能規範。如果將人的行為完全納入單一的因果系列，那麼，它便無法避免命定的歸宿。事實上，在科學派那裏，行為的宿命性質確乎壓倒了人的自由。

　　人生觀內在地蘊含著對理想之境的追求，人的物化與因果律的泛化，也制約著科學派對理想人生的理解。在科學派看來，科學人生觀的核心，即是求真：「我和物是分不開的，我是物的一分子，物是我的環境，所以科學的人生觀，就是要求真實於生活之中。」[1] 以求真為人生的目的，往往使人生過程中善的向度難以落實。統觀科學派的人生觀，我們確實可以看到以真涵蓋善的傾向。從求真的要求出發，他們常常進而強調「真實的就是善的」[2]。這裏所謂真，主要是指向科學認知意義上的真，科學的人生觀即在於求真的前提下，人生的意義便或多或少被限定於科學的認識。

　　不難看到，科學派對人生意義的以上理解，從一個方面涉及了真與善、事實與價值、知識與智慧等關係。人生作為展開於生活實踐的過程，固然離不開事實的認知與真的追求，但它同時又關聯著善的嚮往與價值的關懷（包括審美的關照）。按其本質，

1　王星拱：《科學的起源與效果》，載《新青年》四卷1號。

2　王星拱：《科學的起源與效果》，載《新青年》四卷1號。

求眞向善趨美等是一個統一的過程，其最終的指向是智慧之境。智慧不同於知識，知識把握的是經驗領域的對象，智慧所達到的，則是性與天道（存在的終極原理）。人生之「在」（existence）與世界之「在」（being）本質上無法分離，單純的科學認知，顯然難以把握作爲整體的存在。科學派在實證主義的視域下，將人生之域納入科學認知一隅，以事實的察辯取代了價值的關懷，並把向善消解於求眞之中，無疑使人生過程變得片面化了。

　　人生過程的這種片面化，從更內在的層面上看，又與人生主體的片面化相聯繫。在把「我」視爲感覺的集合的同時，科學派又往往賦予主體以理性的品格。「我」作爲感覺的集合，更多地區別於形而上的超越存在，就因果律的外在支配，與主體對因果律的自覺遵循乃是同一過程的二個方面，而後者本質上表現爲一種理性化的行爲。強調理性的自覺與賦予行爲以命定的性質，在理論上常常相互趨近。相對於理性品格的強化，主體之中情、意等非理性的方面，往往處於科學派的視野之外。科學派未能解決因果律與人的行爲之間的關係，同樣亦未能對理性與非理性的關係作出合理的定位。

二

　　人生觀作爲對人生之域的一般看法，內含著普遍的價值取向，事實上，當科學派將人對象化（物化）和人生機械化時，已從一個方面表現了科學至上的價值原則。後者的進一步強化，便很難避免對人本主義或人道主義價值原則的偏離甚至衝擊。在科學派那裏，我們確實常常可以看到科學的人生觀與人本主義之間的緊張。

　　人在受制因果法則上與物無實質的不同，這是科學派的基本

理論預設之一。與人的對象化與物化相聯繫，科學派往往將人與動物相提並論。胡適在論戰期間曾提出了一個所謂新人生觀，其中重要的一項即爲：「根據生物學、心理學的知識，叫人知道人不過是動物的一種，他和別種動物只有程度的差異，並無種類的區別。」[1] 類似的看法亦見於吳稚暉等，在回答何爲人時，吳稚暉曾作了如下界說：「人便是外面只剩兩隻腳，卻得了兩隻手，內面有三斤二兩腦髓，五千零四十八根腦筋，比較佔有多額神經質的動物。」[2] 人與動物之辯，屬廣義的天人關係之域。從早期到近代，天人之分是人本主義價值體系的基本出發點，人與其他存在（包括自然序列中的動物）的這種區分，構成了確認人自身價值的某種本體論前提。科學派以動物界定人，從自然觀的角度看當然有其理由，但就人生觀而言，則似乎又使人之爲人的存在價值失卻了本體論的根據。

　　人作爲動物的一員，其生活歷程便不必看得過於認眞，吳稚暉對人生所作的正是這樣一種理解：「所謂人生，便是用手用腦的一種動物，輪到宇宙大劇場的第億垓八京六兆五萬七千幕，正在那裏出台演唱。」[3] 這一人生界定，被胡適稱爲對「人生切要問題的解答。」依照這種人生模式，則人生似乎便成了動物式的遊戲：宇宙即大舞台，人的演唱如同動物的出場。科學派的本意也許並非如此簡單粗陋，但由其前提加以引伸，卻很難避免如上

1　胡適：《科學與人生觀‧序》。

2　吳稚暉：《一個新信仰的宇宙觀及人生觀》，載《太平洋》，1924年第1期。

3　吳稚暉：《一個新信仰的宇宙觀及人生觀》，載《太平洋》，1924年第1期。

結論。從人是動物，到人生即動物式的活動，人生的人文意義和神聖向度無疑被進一步弱化了。

　　由以上前提出發，科學派對人生過程的具體內容亦作了相應的規定，這便是吳稚暉著名的三句話：即：「吃飯，生小孩，招呼朋友。」吳稚暉自認為，他的新信仰的宇宙觀及人生觀，已為這三句話所道盡[1]。吃飯生子，是人的日用常行，依照這種新人生觀，人生的全部內容，便不外乎日常世界中的庸言庸行。不難看出，對人生的如此理解，明顯地蘊含著某種世俗化的傾向。科學派將人生理解為一個世俗化的過程，似乎過於強化了對現實的認同，而未能注意到人生的理想性、超越性這一面。

　　作為世俗的存在，人並無崇高性可言，相反，從宇宙在時空上的無限性看，人倒是顯得十分渺小：「在那個自然主義的宇宙裏，在那無窮之大的空間裏，在那無窮之長的時間裏，這個平均高五尺六寸，上壽不過百年的兩手動物——人——真是一個渺乎其小的微生物了。」[2]人是宇宙的中心，這是傳統人文主義及人道主義的基本信念和預設，然而，在科學派的宇宙論中，這種信念卻失去了根據。從科學的視野看，自然的現象與人及其社會活動之間也沒有高下之別：「一根地上的小草，一隻顯微鏡底下小生物，一個幾百萬萬里的星球，一件人類忽略不經意的平淡自然變化，到科學家眼裏，和驚天動地蕩精搖魄的人間事實招到同等的注意了。」[3]這種觀點，實際上從天人關係的角度，進一步否

1　吳稚暉：《一個新信仰的宇宙觀及人生觀》，載《太平洋》，1924年第1期。
2　胡適：《科學與人生觀・序》。
3　胡適：《科學與人生觀・序》。

定了人在自然中的優先性。從歷史上看，人文主義總是在不同意義上追求自然的人化，傳統儒學要求化天性爲德性，近代人文主義要求征服自然以爲人所用，都表現了實現自然人化的意向。這種意向背後所蘊含的，是以人道爲價值評判的中心。科學派將自然與人等量齊觀，多少偏離了這種人文的原則。

如前所述，作爲近代價值體系的信奉者，科學派對個人自由、個性原則等始終持肯定的態度，胡適認爲理學「存天理，滅人欲」的主張「最反乎人情，不合人道」[1]，便表明了這一點；但另一方面，將人生自然化和世俗化，從天人關係上強調人的渺小性並否定其崇高性，則又表現爲對人道原則的某種衝擊。這種二重性，使科學派的人生觀，呈現出一種內在的緊張。類似的緊張，亦往往見於西方近代的科學主義：就其確信人類理性能夠支配自然，並力圖實現人對自然的主宰性而言，它與人文主義似乎有趨同的一面；但就其將人工具化、對象化，並最終導向技術的專制而言，它所走的，無疑又是一條與人文主義相對的路。這樣，對人道原則的認同與對人道原則的消解，似乎構成了科學主義難以解決的二律背反，科學派同樣亦未能超越這種悖論。

科學派對人類中心觀念的揚棄，無疑從一個方面表現了對人文主義的否定，後者似乎或多或少逸出了以人的自覺和人性高揚等爲內容之一的啓蒙思潮。不過，從理論上看，這種否定並非僅僅具有負面的意義。人類中心涉及的是天人關係，就天人關係而言，人文主義要求以人爲價值評價的出發點，無疑體現了人是目的的人道原則，但以人爲價值中心，往往亦蘊含著天與人的對峙。

1　《胡適文存三集》卷六（上海，亞東圖書館，1930年），頁813。

相對於人，天（自然）僅僅呈現為作用與征服的對象，這種價值取向如果過於強化，便很難重建天與人之間的統一。由這一意義而論，科學派從人是中心轉向等觀天人，顯然亦潛含揚棄天人分離的歷史意蘊。當然，如前所述，科學派之等觀天人，在相當程度上以科學的統一為其前提。這種科學主義的立場決定了科學派無法真正達到天與人的統一。

三

科學與玄學的論戰雖然發端並首先展開於人生觀，但它所涉及的問題卻並不限於人生之域。正如論戰的主題（科學與玄學或科學與人生觀）所表明的那樣，人生觀的論爭，始終伴隨著對科學的不同看法，而在關於科學價值的不同評價之後，則蘊含著對現代性的不同態度與立場。

從二十世紀中國歷史的演進看，科玄論戰並不是一種偶然的文化現象。論戰發生於後「五四」時期，「五四」以來的文化論爭，為論戰提供了直接的思想背景，而走向現代的過程，則構成了其更廣的歷史前提。作為一個歷史過程，現代化的走向似乎包含著一種內在悖論。一方面，從前現代到現代的轉換，意味著人類在科學、經濟、社會各個領域都躍進到了一個新的階段，其中無疑蘊含著歷史的進步；但另一方面，在近代西方的模式下，現代化又往往有其負面的效應，它在高奏征服自然凱歌的同時，也常常導致了天與人之間的失衡；在突出工具理性權能的同時，亦使社會面臨著技術的專制，並使人自身的內在價值受到了衝擊；而與之相聯繫的功利原則、個體原則等等，則使主體間關係的緊張成為難以避免的問題。就中國近代而言，現代化的進程固然帶來了希望與新的發展方向，但這一進程同時又在某種意義上伴隨

著歷史的苦難;西方列強正是裏夾著現代化過程中所形成的優勢,將中國推入血與火的近代。

現代化過程本身的悖論以及它對近代中國所蘊含的二重意義,在歷史與邏輯上導致了近代中國的知識分子對現代化過程的不同態度。具有文化保守主義傾向的思想家,對現代化過程更多地表現出疑懼、批評的立場。被強制迫入現代化進程的歷史事實,往往很容易激發對現代化的抗拒心態,後者與依歸傳統的情結相融合,便常常導致對現代化的認同障礙。同時,現代化過程所產生的種種弊端(這種弊端在二十世紀初的西方已開始逐漸顯露出來),亦自然地引發了對現代化的某種反感與疑懼。前者(傳統情結下對現代化的認同障礙)帶有前現代意識的特點,後者(由現代化的負面效應而產生的疑懼),則似乎近於後現代意識(帶有超前形式的後現代意識)。這二種意識與觀念往往交織在一起,呈現撲朔複雜的形態。早在「五四」時期,梁漱溟已對現代社會提出了批評:「現在一概都是大機械的,殆非人用機械而成了機械用人。」「而況如此的經濟其戕賊人性——仁——是人所不能堪的。無論是工人或其餘的地位較好的人乃至資本家都被它生機斫喪殆盡;其生活之不自然、機械、枯窘乏味都是一樣。」[1]在熊十力、梁啟超,以及《學衡》派等具有文化保守主義傾向的思想家中,同樣可以看到類似的批評。與批評機械的現代世界相應的,是對中世紀閒適生活的讚美:「中國人以其與自然融洽遊樂的態度,有一點就享受一點,而西洋人風馳電掣地向前追求,以致精神淪喪

1　梁漱溟:《東西文化及其哲學》,載《梁漱溟全集》一卷(山東,人民出版社,1989年),頁492。

苦悶，所得雖多，實在未曾從容享受。」[1] 這裏既表現了對現代化歷史進程的難以認同，又流露出對前現代化的緬懷。

　　前現代觀念與早熟的後現代意識相互交融，往往邏輯地引向對現代性的消解。現代性（modernity）與現代化（modernization）的內涵既相互聯繫，又有所區別。現代化側重於廣義的社會變革，包括以工業化爲基礎的科學技術、經濟結構、社會組織、政治運作等一系列領域的深刻轉換；現代性則更多地涉及文化觀念或文化精神，包括思維方式、價值原則、人生取向等等，而這種文化精神和文化觀念又常常與近代以來的啓蒙主義和理性主義聯繫在一起[2]。現代性既以觀念的形態折射了現代化進程中的社會變革，又對現代化過程具有內在範導意義；相應地，對現代化的疑懼，往往表現爲對現代性以及與之相關聯的啓蒙主義的批評。在二十世紀的後半葉，西方的文化保守主義和所謂後現代主義曾從不同的角度對現代性提出責難，這種批評固然展示了不同的立場，如後現代主義較多地表現出懸置理性主義傳統的傾向，而A. 麥金泰爾等則在批評啓蒙運動以來的倫理觀念的同時，又提出了回到傳統（亞里士多德）的要求，但二者在質疑現代性這一點上又相互趨近。

　　中國近代文化保守主義的文化批評，往往內在地蘊含著對現

1　梁漱溟：《東西文化及其哲學》，載《梁漱溟全集》一卷（山東，人民出版社，1989年），頁478。

2　哈貝馬斯在Modemity versus Postmodernity中對文化的現代性（cultural modernity）與社會的現代化（social modernization）作了區分，似已有見於二者的不同。參見Habermas: Modernity versus Postmodernity,New German Critique, 22（Winter,1981）

代性的否定態度，在讚美傳統並要求回歸傳統的背後，常常是對現代的價值體系、思維模式、人生取向等的疏離和責難。吳宓的新文化建構原則，已明顯表現了這種趨向，它雖然有別於後現代主義的消解理性，但在認同傳統等方面，卻頗近於西方文化保守主義的某些主張。當然，前現代觀念與後現代意識的交織，使中國近代的文化保守主義更多地將現代性的批評與科學觀念的質疑聯繫起來，並往往把現代化過程中出現的問題歸咎於科學。

不難注意到，「五四」前後的文化論爭，始終關聯著對現代性的不同態度與立場，而對現代性的消解，則往往取得了科學批判的形式，現代性本身所內含的文化——價值層面的意蘊，決定了對現代性的不同態度，總是指向不同的價值體系，事實上，在文化保守主義那裏，消解現代性往往邏輯地引向了對傳統價值體系的認同。文化討論形式下的現代性之爭，在歷史與邏輯雙重意義上構成了科玄論戰的前提。正如其主題（科學與玄學或科學與人生觀）所表明的那樣，論戰一開始便涉及科學的限度與價值。張君勱強調科學與人生觀之分，要求將科學從人生觀之域剔除出去，在某種意義上可以看作是對文化保守主義的一種呼應：而從人生觀的角度對科學的質疑，則同時意味著拒斥科學所象徵的現代性（包括現代價值體系）。

從這一背景上看，科學派對玄學派的批評，便具有了另一重意義。與玄學派對科學的質難相對，科學派一開始便以科學辯護者的姿態出現。科學派的重要人物胡適在論戰中明確表明了這一立場：「我們當這個時候，正苦科學的提倡不夠，正苦科學的勢力還不能掃除那瀰漫全國的烏烟瘴氣——不料還有名流學者出來高唱『歐洲科學破產』的喊聲，出來把歐洲文化破產的罪名歸到科學身上，出來菲薄科學，歷數科學家人生觀的罪狀，不要科學

在人生觀發生影響！信仰科學的人看了這種現狀，能不發愁嗎？
能不大聲疾呼出來替科學辯護嗎？」[1] 對胡適來說，爲科學辯護，「
這便是這一次『科學與人生觀』的大論戰所以發生的動機」[2]。
值得注意的是，胡適在此以信仰科學表示對科學的認同，這就使
其對科學的辯護具有了某種文化——價值觀的意蘊：信仰不同於
具體的接受某種觀念，而是展開爲從思維模式到價值取向的整個
文化立場，胡適從維護科學信仰的角度解釋科學與人生觀論戰的
根源，亦表現了對論戰之內在主題的自覺。

對科學派來說，如何建構合理的文化——價值體系，是科玄
論戰內含的更根本的問題。丁文江在論戰之後依然在對此加以反
省：「中國今日社會崩潰，完全由於大家喪失了舊的信仰，而沒
有新的信仰來代替的緣故。」[3] 隨著舊有的價值體系的失落，向
傳統的復歸已無根據，出路何在？科玄論戰中，科學派在肯定科
學的普遍意義的同時，總是滲入了追求與建構新的文化——價值
體系的意向，而這種新的文化——價值體系的建構，又始終與現
代性相聯繫；以科學爲核心的價值體系，所體現的實質上同時是
文化的現代性（cultural modernity）。

這樣，我們便看到，在肯定科學具有「無上尊嚴」的背後，
乃是對現代性的維護，正是在這裏，呈現出科學派提升並泛化科
學的更爲深沉的意義。現代性，特別是現代西方文化——價值形
態下的現代性，當然亦有其自身的問題，它所包含的技術理性過
強等偏向，常常亦引發了負面的歷史後果，然而，對正在由前現

1　胡適：《科學與人生觀·序》。
2　胡適：《科學與人生觀·序》。
3　丁文江：《中國政治的出路》，載《獨立評論》（北京：1933年第11

期）。

代走向後現代轉換的近代中國而言，現代性無疑又體現了某種新的歷史發展趨向。從後一方面看，較之近代文化保守主義（包括玄學派）由責難科學而消解現代性，科學派對現代性的維護，似乎又更多地展示了合乎歷史演進方向的時代意識。

主體間性：存在的一個維度

1.現代社會似乎面臨著一種歷史的悖論：主體失落於外與主體封閉於內同時並存。商品經濟與技術專制的擴展，漸漸將人本身也推入商品化與物化的過程，與之相應的是外在之物對內在之我的支配；無所不在的制度控制（從日常生活中的服務系統到政治、經濟、法律機構，等等）以及與之相聯繫的程式化操作過程，使個體的創造性愈益變得多餘：他的作用不外是履行制度的功能或完成某種程序，而大眾文化的膨脹，又使個體從趣味到行為方式都趨向於劃一化並逐漸失去批判的能力。另一方面，經濟、政治以及其他社會生活領域的生死競爭，權力、金錢關係對交往領域的滲入，又擴大了主體間的心理距離，並使個體走向封閉的自我。這種悖論在當代哲學中同樣得到了折射：如果說，存在主義表現了對主體性失落的反叛，那麼，另一些哲學家（如維特根斯坦、馬丁‧布伯、列維那斯、哈貝馬斯等）則從不同方面拒斥了封閉的自我。

2.1.主體間關係的基本關係項是主體，主體間性（intersubjectivity）邏輯地關聯著主體性（subjectivity）。作為現實的而不是現象學意義上的存在，主體以生命為其存在的本體論前提。當海德格爾把向死的存在視為此在的本質狀態，並強調「先行到死使此在絕對地個別化」（《存在與時間》）時，似乎對此未予應有重視。按其本義，死意味著存在的終結或不存在（nonbeing），儘管對死的超前體驗可以使此在意識到存在的一次性

與不可重複性，但正如在絕對的黑暗中顏色的區別變得沒有意義一樣，死作爲一種狀態本身並不蘊含著個體的差異。海德格爾自己也承認，死可以用平等的尺度去衡量。（《時間的概念》）與死的無差別性相對，生蘊含著多樣的發展可能，正是在此生的自我肯定與不斷延續中，主體性的形成和展開獲得了現實的根據。因此，本眞的存在不是向死逼近或對死的體驗，而是對生的認同和正視。「不知生，焉知死？」（孔子）「生生之謂易。」「天地之大德曰生。」（《易傳》）在這方面，中國哲學似乎更深刻地切入存在的意蘊。

2.2.主體的在世（生存）是一個過程。當人剛剛被拋擲到（thrown into）這個世界時，他還只是一種可能的存在。就在世過程而言，可能的最初形式是稟賦。每一個體都有獨特的稟賦（從基因學的角度看，這裡沒有任何神秘之處），它既構成了個體間的原始差別，又作爲最直接的所與（不是認識論意義上的 the given,而是存在論意義上的endowment）而構成了個體在世的出發點。個體的完成（從可能的存在到現實的存在）總是伴隨著其潛能（稟賦）的展開，而個體對外部作用的選擇和接受，也總是以直接的所與爲前提。肯定這一點，意味著承認個體自我實現過程的多樣性。當然，可能本身並不是凝固不變的，這不僅在於可能總是指向未來，而不是僅僅處於現時（present），而且在於它同時不斷處於新的生成過程之中，後者又以生活世界之中和生活世界之外的歷史實踐爲背景。因此，稟賦（潛能）作爲可能的最初形式並不具有宿命的性質。

2.3.從可能的存在到現實的存在並不是一種空洞的時間歷程，它以主體自身的生成爲其具體的指向。當人僅僅以稟賦爲直接的所與時，他在相當程度上還只是一種生物學乃至物理學意義上的

個體：其存在形式首先表現為占有特殊的時間和空間位置，經歷特定的新陳代謝過程，等等。只有在個體與社會的互動過程中，可能的存在才不斷獲得現實的品格，並逐漸揚棄對象性，由自在的個體提升為自為的主體。如果說，存在內含的可能性使之不同於既定的，凝固的對象，那麼，主體性的指向則使可能的展開獲得了具體的社會學內容。

2.4.主體的生成和存在作為一個過程，關聯著主體的自我認同（self-idenity）。自我認同首先以身（body）為基點。身不僅構成了主體生存的本體論前提，而且是主體直接的外部符號和表達形式；在交往過程中，主體總是以身為其存在的最初表徵。儘管此身始終經歷著某種變遷，但這種變遷又內含著時間中的綿延同一。基於身的如上同一可以視為實體的同一（ontic idenity）。自我認同深刻的形式存在於有（既成）與無（應成）之間。可能蘊含著應然，應然在尚未實現時乃是一種非存在（無），但它又以既成或已然（有）為根據。就主體而言，「我」既表現為是其所不是，亦即一定階段可能（所不是）的實現，又表現為不是其所是，亦即超越既成（所是）而包含著新的可能。這樣，主體在時間中的綿延同一，意味著既成（有）與可能（無），已然（是其所不是）與應然（不是其所是）的統一。

2.5.存在的過程性展示了主體的歷時性。主體既是過程又是結構。作為結構，主體以人格為其內在形式。這裡的人格是就廣義而言，包括認知之維、評價之維、審美之維等。認知之維的內核表現為我思，亦即認知意義上的綜合統攝能力（統覺）。我思既體現了經驗的統一（離開我思，時間之流中的經驗，便只是相繼或並列的雜多），又再現了對象的整體性（對象的不同方面在我思中得到整合）。評價之維更多地與實踐理性相聯繫，它基於

主體的需要，又滲入了善的意向。在評價中，現實之境與可能的世界（理想之境）彼此溝通，對象意識與反省意識相互融合，其內在的主題則是化自在之物爲爲我之物，這種人化既涉及對象世界，又指向自我本身（化天性爲德性）。相對於評價側重於自然的人化，審美之維似乎更多地關聯著人的自然化。審美之境當然離不開自然的人化，但這種境界不僅內含著合目的性，而且凸現了合規律性（合自然）這一面，它在化解人化世界的緊張的同時，又展示了主體的自由品格。當然，以上是一種分析的說法，就其現實形態而言，認知之維、評價之維、審美之維並非截然分割，三者既從我思、我欲、我悅（不同於單純的感性愉悅）等側面展示了同一自我的內在世界，又從知實然，求當然，合自然的統一中表現了自我的主體性品格。

　　3.1.主體當然並不是一種孤立的「我」，它總是與他人共在並有其外在展現的一面。如果說，個體的過程性展示了存在與時間的關係，那麼，與他人的共在則體現了存在與空間（人文空間）的關係。存在主義又突出了存在與時間的關係，但卻未能給存在與空間的關係作出合理的定位。誠然，存在主義也注意到了與他人共在（being-with）這一事實，但在它看來，共在不過是一種沉淪的狀態，而不同於本眞的存在；唯有在煩、畏、先行而到的死等體驗中，此在才能達到本眞的狀態。根據這種理解，本眞的我便呈現爲一種內在的、封閉的我，它在本質上仍是現象學意義上的存在。存在主義的如上看法似乎忽視了，與他人的共在作爲一種本體論的前提，並不能通過退回內在的我而得到消解。列維那斯（Levinas）曾對在（there is）作了考察。這是一種無形但又時時爲人所感受的存在，即便在獨處時，我也無法擺脫這種在（there is），就如同在寂靜的深夜，周圍的一切似乎都消失在

黑暗之中，但我仍然可以隱隱地感受到一種沉默的在（there is），並因之而不安。對there is的如上分析當然還帶有現象學的痕迹，但它同時又表明，即使從現象學的角度看，主體也難以返歸純綷的內在自我。總之，存在既有其時間維度（展開爲一個歷史過程），又有其空間維度（與他人共在），二者相互關聯而構成了一種本體論事實。

3.2.存在的空間維度以主體間性（intersubjectivity）爲其社會學內容。從主體走向主體間，首先面對的便是生活世界。如前所說，在世的最直接、最本源的形式是生存，而生命的生產與再生產便實現於生活世界。在飲食起居，休閒消遣等日常活動中，我總是以各種形式與他人打交道，並與他人建立相應的聯繫。從較爲密切的親子交往，到相對鬆散的路人偶爾相遇，主體間關係存在於生活世界的各個方面。主體間的彼此理解、溝通以及行爲的協調，是生活世界正常運行和展開的必要條牛，而生活世界的正常運轉，則使主體的在世有如在「家」。日常生活確乎平凡瑣碎，俗之又俗，其重複性往往遮蓋了主體的創造性，身處此域，個體似乎很容易淹沒於大眾。但這僅僅是問題的一個方面：不能由此將主體間的共在視爲主體的沉淪。作爲存在的家，生活世界在安頓自我的同時，也爲主體性的展示提供了可能：只有當主體不再面對一個陌生而異己的世界時，他才能眞正達到自我實現。進而言之，日用常行本身即有其超越性的一面，在生活世界中的主體間交往中，總是內在地滲入了求眞、向善、趨美的過程，日常交往的這一方面在抑制權力、商品關係對主體間關係侵蝕的同時，也使主體超越了沉淪。日用即道，儒家的這一觀念無疑已有見於此。

3.3.我既存在於生活世界，又與制度息息相關。相對於生活

世界主要實現個體生命的生產與再生產，制度世界似乎更多地表現為維繫和延續廣義的社會經濟、政治、法律等關係。在生活世界中，主體間關係具有無中介的特點，而制度則首先呈現為一種非人格的結構，制度中的主體間關係亦相應地或多或少為物化形式所中介。在超個人的制度系統下，不僅主體的獨創性和內在德性似乎變得不重要，而且我與他人的關係也仿彿失去了主體間性本來意義。但這只是問題的一個方面。G.H.米德曾把有組織的共同體概括為普遍化的他人（generalized others），在相近的意義上，我們也可以把制度世界視為普遍化的他人。制度本身是無生命的存在，它的運作離不開人。當我與不同形式的社會組織、機構、部門等發生聯繫時，我與之打交道的並非僅僅是無人格的物，而且同時是賦予制度以生命的人。作為制度的運作者，這種人具有二重性：他既是制度的人格化，又是具體的個人，或者說，既具有普遍化的他人的形式，又表現為特定的主體，而我與制度的關係，亦相應地涉及主體間的交往。總之，制度世界既表現為非人格的結構，又包含人與人的交互作用；主體間的關係不僅存在於生活世界，而且展開於制度世界，生活世界的理性化固然需要主體間的相互理解、溝通，制度世界的理性化也不能僅僅依賴無人格的規範、契約、程序等等：它同樣離不開主體間的合理交往。

3.4.主體間的交往以語言為中介。語言不僅僅是一種工具，作為文化的載體，它同時凝結著知識結構、道德觀念、思維方式、價值取向等等，掌握一種語言，意味著接受一種文化傳統；當我運用語言時，語言也在塑造我。在此意義上，可以把語言視為存在的社會本體。語言的社會性決定了它在本質上是公共的：不存在只有個人才能理解的私人語言（維特根斯坦）；而與之相應的

事實則是，以語言爲社會本體的主體，其存在過程本質上不是獨白，而是與其他主體的不斷對話。現代哲學從意識（我思等）到語言的進展，已蘊含著從主體的獨白到主體間的對話這一注重點的轉換。作爲主體間交往的形式，對話的有效性既以說者與聽者的彼此尊重爲前提，又以意義的相互理解爲條件。而意義世界的建立與傳遞，則內在地指向主體間關係的理性化。

3.5.主體的在世不僅在於說以及怎樣說，而且在於做以及怎樣做，事實上，怎樣說與怎樣做並非截然分割。做作爲活動過程，其基本形式是勞動。這裡的勞動並不僅僅指經驗性的操作，而是本體論意義上的存在方式。勞動既以實踐的方式變革了對象，又使我的本質力量對象化，二者從我與對象的關係上凸顯了我的主體性。但對象性的關係僅僅是勞動的一個方面，我與對象的關係乃是以我與他人的關係爲中介而建構起來的。勞動中的主體間關係並非單純地以成功爲指歸，即它所涉及的並不僅僅是勞動的結果，而且是勞動過程中的人；化自在之物爲爲我之物的過程與主體間關係的理性化並非彼此對立：將勞動過程中的主體間關係化約爲目的——手段關係（哈貝馬斯）似乎過於簡單化。總之，勞動在從我與對象的關係上確認主體性的同時，又以自覺的實踐形式（區別於日用常行中的自發活動）展開了主體間關係。

3.6.從以上諸方面看，主體間表現爲一種內在關係（internal relation）。關係的內在性或內在關係展示的是：作爲關係項的主體只能存在於關係之中，而不能存在於關係之外，這也就是所謂「非彼無我」（莊子）。存在主義儘管並不否定主體間性，但卻似乎未能注意此種關係的內在性：他們往往以現象學的方式把主體間關係懸置起來，並以此爲達到本眞之我的前提，而其結果則是「我」的封閉化。

4.1.主體間關係的內在性決定了不能將其懸置。但由此出發，一些哲學家似乎走向了另一極端：在從主體走向主體間的同時，他們亦使主體本身消失於主體間。首先可以一提的是布拉德雷。作爲內在關係論者，布拉德雷的注重之點在整體，在他看來，道德的目標在於自我實現（self-realizationship），而自我實現的內涵，便是與整體或關係世界（the world of relation）融合爲一。這種看法帶有明顯的整體主義印記。與之相近的是董仲舒。按董仲舒之見，我即義（義之爲言我也），而義則是制約主體間關係的普遍規範，這樣，我便被同一於普遍的規範。由此導致的邏輯結果則是外在的社會規範、律令等等入主自我：我失去了內在的世界而成爲普遍大我的化身。

4.2.維特根斯坦（主要是後期維特根斯坦）的語言哲學從不同的角度突出了主體間性。與前期的圖像說相對，後期維特根斯坦將語言的意義與語言的運用聯繫起來，並把語言的運用理解爲一個在共同體中展開的遊戲過程，而這種遊戲過程又以生活樣式爲背景。作爲共同體中的遊戲過程，語言首先被賦予公共性的品格：語言遊戲說在維特根斯坦那裡邏輯地引向了拒斥私人語言（private language）。然而，由強調語言的公共性，維特根斯坦又對主體內在精神活動的存在表示懷疑。在他看來，內在的過程（inner process）總是需要外部的標準：人的形體（body）是人的心靈（soul）的最好圖像；理解（understanding）並不是一個精神過程（mental process），遵循規則（如語法規則）也主要是一個實踐過程（共同體中的遊戲），而與內在的意識活動無關。正如一些論者指出的，這種看法已頗近於行爲主義。基於如上的行爲主義觀點，維特根斯坦將「我」（I）的用法（語法功能）區分爲二種，即作爲對象的用法（the use as object）與作

爲主體的用法（the use as subject），並認爲後一種意義上的「我」並沒有相應的指稱對象。這可以看作是對主體的消解：事實上，維特根斯坦確實試圖以It is thinking來取代I am thinking。這樣，維特根斯坦在從主體走向主體間之後，又似乎使主體間成爲無主體的共同體。

4.3.哈貝馬斯以交往理論在當代哲學中獨樹一幟，而交往理論的注重之點首先便是主體間關係：它在某種意義上以更自覺、更系統的形式表現了從主體到主體間的視域轉換。哈貝馬斯將行爲區分爲二類，即目的—理性行爲與交往行爲，前者主要涉及主體與對象的關係，後者則指向主體間關係。目的—理性行爲固然促進了現代文明的形成，但要建立健全的社會生活，便不能不同時關注主體間的交往關係。然而，儘管哈貝馬斯肯定主體間的交往行爲應當由互爲對象轉向互爲主體，但當他對交往行爲的有效性條件作出規定時，卻似乎未能使主體性眞正得到落實。按哈貝馬斯之見，交往行爲的有效性涉及如下。撇開哲學的歷史，便無法可理解性，和眞誠性。這裡值得注意的是眞誠性。所謂眞誠性，亦即參加交往的主體應當眞實地表達自己的意向，敞開自己的內在世界。這種眞誠性的要求無疑從更深的層面突出了主體間關係的內在性，但向他人的敞開，同時又意味著主體自身的對象化：我的內在世界被外化他人的對象。與之相聯繫，哈貝馬斯的商談倫理學儘管肯定了每一主體參加討論和發表意見的權利，但同時又以達到一致（consensus）爲目標，而在這種一致中，共同體中主體間的協調似乎消融了個體的意見。個體的內在世界向共同體的敞開與共同體的一致對個體之百慮的消融相結合，無疑使主體有被架空之虞。

5.1.布拉德雷、維特根斯坦、哈貝馬斯等的共同特點在於突

出主體間關係的內在性。但主體間關係既是一種內在關係（in-ternal relation），又是一種外在關係（external relation）。主體固然不能離開主體間關係而存在，而只能存在於關係之中，但主體總是包含著不能爲關係所同化或消融的方面。關係相對於主體而言，具有爲我而存在的一面。主體之間總是存在某種界限：「我」不是「你」，「你」也不是「我」。這種界限不僅表現在時空上，而且具體化爲心理距離、利益差異等等。我承擔的某些社會角色固然可以爲他人所替代，但我的個體存在卻具有不可替代性。存在與角色的差異從一個方面表現了主體不能完全爲關係所同化。

5.2.關係中的主體有其內在世界。主體間的相互理解、溝通固然需要主體內在世界的彼此敞開，但敞開之中總是蘊含著不敞開。「我」之中不敞開的方面不僅非關係所能同化，而且構成了理解和溝通所以可能的條件：當「我」完全敞開並相應地取得對象形態時，理解的主體也就不復存在。主體間的溝通至少包含著爲他人所理解與理解他人兩個方面，如果僅僅注重爲他人所理解這一維度，則我便成爲一種爲他的存在（being-for-others），其特性更多地表現爲對他人的適應和肯定，而選擇、批判、否定等主體性品格則將落空。從另一方面看，交往和理解既指向主體間的行爲協調，也指向自我內在世界的安頓，僅僅以前者爲指歸，便很難避免「我」的工具化。

5.3.主體間的理解離不開語言。作爲主體間交往的中介，語言無疑具有公共性（public）的一面：不存在私人語言。但沒有私人語言並不意味著語言與個體無關。語言在未進入主體的思維過程之時，其意義只具有一種可能的形態，語言的意義實現於主體的思維過程。把語言與主體的內在世界分離開來，便無法區分

語言意義的可能形態與現實形態。除了意義（meaning）之外，語言還具有意味（significance）。同一詞、句，對不同的主體往往具有不同的意味。語言總是蘊含著多方面的信息，主體常常是根據內在的意向、期望、知識經驗等等對這些信息加以選擇，語言則相應地呈現出多樣的意味。就此而言，語言既是公共的，又具有個體性的特點。如果說，語言的公共性凸現了主體間關係的內在性，那麼，其個體性則在展示主體內在世界的同時，又表現了主體外在於關係的一面。

5.4.以語言爲中介的交往在勞動過程中取得了實踐的形式。作爲主體存在的方式，勞動以自由爲其追求的目標：自由勞動是勞動的理想形態。勞動的自由度不僅取決於對必然之理的把握，而且關聯著勞動對主體自身的意義：只有當勞動不是對主體的外在強加或主體被迫承受的負擔，而是主體自我實現的形式時，主體才能在勞動過程中真正獲得自由感（當然，自我實現本身又表現爲一個歷史過程，從而自由勞動也總是具有相對的意義）。勞動對主體的意義並不僅僅由主體間關係決定，它在更內在的層面上同時涉及主體自身的需要、利益、意欲等等。自由勞動與主體內在需要、利益、意欲等的聯繫從另一個方面表現了主體存在對主體間關係的某種超越。

5.5.相對於勞動過程中的相互交往，道德實踐中的主體間關係無疑具有不同特點。道德關係固然有其對稱性：他人的存在對我來說是一種無聲的命令（要求我對他履行道德義務），我的存在對他人來說也是一種命令；但另一方面，道德關係又是非對稱的：我對他人盡道德責任，並不要求或企望他人以同樣方式回報我，否則行爲便趨於功利化而失去其道德意義。如果說道德關係的對稱性表現了主體間關係的內在性，那麼，道德關係的非對稱

性則展示了主體間關係的外在性。同時，道德行爲總是伴隨著道德選擇道德決定，這種選擇和決定並非僅僅受制於共同體中的對話和討論，它最終乃需以「獨白」的方式作出，後者表現了道德的自律品格。哈貝馬斯強調主體間的討論而批評康德倫理學的獨白性，但如果主體間的對話與討論完全壓倒主體的獨白，則很難避免道德的他律化。

　　6.主體間關係既是內在的又是外在的。關係的內在性意味著應當超越封閉的我，從主體走向主體間；關係的外在性則要求肯定主體自身的存在意義，避免以關係消融自我。僅僅執著關係的外在性，往往邏輯地導向自我中心，片面地突出關係的內在性，則很難避免主體的異化。主體間交往固然離不開語言遊戲（對話及討論）等形式，但同時又表現爲存在價值的相互確認；這裡既有基於明其意義（meaning）的彼此理解，又有基於得其意味（significance）的相互溝通，而這一過程又始終關聯著對個體存在的尊重。如果說，主體間的相互理解滲入了理性的原則，那麼，存在價值與意義的相互尊重和確認則體現了仁道的原則。可以看到，主體間關係的合理定位，本質上展開爲一個理性原則與仁道原則相統一的歷史過程。

善何以可能

一

倫理學或道德哲學往往以某種規範系統來擔保行爲的善。然而，從邏輯上看，規範系統的建構總是以價值的確認爲前提：人們首先是根據價值形態來規定行爲的規範和評價的準則。價值是一種廣義的好（good），在道德領域中，它則表現爲善。儘管廣義的「好」與「應當」之間並不一定具有蘊含關係，但就道德實踐而言，「什麼應當做」，與「什麼是善」之間卻存在著內在的一致性；惟有對善與惡有所認定，才能進而形成何者當爲，何者不當爲的行爲規範。就價值認定對倫理學的本源意義而言，價值論似乎構成了倫理學或道德哲學的元理論（Meta-theory）。當穆爾將「什麼是善的，什麼是惡的」視爲倫理學的「第一個問題」時，（《倫理學原理》，商務印書館，1983年，第9頁）他無疑已注意到了這一點；當然，在穆爾那裏，這一問題主要限於概念層面的分析，從而沒有超出元倫理學（Meta-ethics）之域。

與穆爾等所代表的元倫理學有所不同，中國傳統倫理更多地傾向於認定實際的善，其倫理原則則奠基於這種實際的確認之上。歷史上，不同的哲學家都曾形成了各自的價值觀念，後者展開於價值關係的各個方面，並逐漸綜合爲相應的價值系統。在中國哲學中，價值的確認並不僅僅表現爲對實體的抽象關照，而是以具體的價值關係爲其背景。首先是天人關係，從價值觀的角度看，天人之際所涉及的是人與自然的關係。世界本來以自在或本然的

形態存在，但當人從自然中分化出來後，便形成了人與自然互動的綿綿歷史。儒家以仁道爲原則，突出人之爲人的內在價值，並由此而追求自然的人化；道家則肯定自然之美，將自然理想化。儘管儒家並不否定自然原則，道家也始終沒有忘卻人文的關切，但就總體而言，二者在天（自然）與人的價值認定上顯然又各有側重。從天人之際進展到人自身的存在，便涉及人我之間。人並非僅僅作爲自我而「在」，人的社會性決定了他總是內「在」於社會群體之中。這樣，主體之「在」與主體間的「共在」便構成了人存在的二重相關向度。儒家要求成己，並以個體的自我實現爲道德涵養的內容，其中包含著對個體內在價值的確認，但同時，儒家又強調自我的社會責任及對群體的認同，並往往將群體的價值提到了更爲重要的地位；相對於儒家，道家更偏重個體的自我認同，而個體的價值也常常被置於群體之上。人我關係或廣義的群己關係在本質上總是涉及具體的利益關係，後者又進而指向人的感性存在和普遍本質之間的關係。中國哲學中的某些學派（如道家）強調人的生命存在的價直，另一些學派（如儒家）則更注重人的理性本質，在這種不同的側重之後，則展示了不同的價值原則。

中國哲學關於價值關係的如上思考，內在地蘊含著肯定價值確認在道德哲學中的優先性。在中國傳統倫理學中，規範系統總是邏輯地以價值的認定爲根據；事實上，作爲價值認定具體體現的價值原則，往往同時也構成了行爲的範導原則。以天人關係而言，儒家倡導仁道原則，這既內含著對人的價值的肯定，亦意味著待人以仁；道家以自然爲原則，既表現了對自然的崇尚，又滲入了無爲的行爲要求。同樣，就人我之間而言，儒家由強調群體價值，引出了以天下爲己任的行爲準則；道家則由確認群體價值

而導向了追求個體的逍遙。價值原則與行爲規範的這種統一，使中國傳統的道德哲學一開始便不同於形式化的系統，而更多地表現爲一種實質的倫理。

實質的倫理內含著某種規範系統，而規範總是與「應當」相聯繫：它作爲當然（當然之則）而爲行爲提供了選擇的根據。與「善」主要展示爲價值的認定有所不同，「應當」往往同時關聯著義務。在諸多可能的行爲中，你「應當」選擇此而非其他，常常是因爲你有義務如此做。這裏已涉及價值認定與義務確認的關係。「善」與「應當」之間的定位有其複雜性，「善」可以成爲「應當」的依據，但「善」並不一定無條件地蘊含「應當」。從邏輯關係上看，「應當」似乎與義務有更爲切近的聯繫：如果你承擔了某種義務，你就「應當」完成義務所規定的各項要求。義務的承擔可以表現爲明確的承諾，也可以呈現爲蘊含的形式：儘管你對某種義務沒有明確作出承諾，但作爲相關群體中的成員，你同時也承擔了群體成員應當承擔的義務。善作爲價值界的規定，具有某種本體論的意義，義務則展開於人與人之間社會關係。如果說，善的認定將「應當」與價值界聯繫起來，那麼，義務的承擔則使「應當」獲得了社會人倫的背景；前者賦予「應當」以道德本體論的意義，後者則突出了「應當」的社會性與歷史性。

價值與義務、善與應當的關係，同樣構成了中國傳統倫理關注的重要問題。善的認定固然回答了何者爲善，從而爲行爲提供了普遍的依據，但它並沒有告訴人們爲何及如何爲善。在中國傳統倫理中，所謂「應當」既以善的認定爲前提，又與義務的承擔相聯繫。儒家的看法在這方面具有典型的意義。相對而言，儒家較少對義務作明確的形式承諾，與關注實際的善相應，他們更爲注重現實的社會人倫：對儒家來說，現實的人倫本身便內含和規

定了一種義務關係。以親子關係而言，這是儒家所理解的最基本的人倫，與之相聯繫的當然之則（規範）則是孝、慈等等。親子之間固然具有以血緣爲紐帶的自然之維，但作爲家庭等社會關係的產物，它更是一種社會的人倫，一旦個體成爲其中的一員，他便應當承擔關係所規定的責任與義務。黃宗羲曾明確地指出了這一點：「人生墜地，只有父母兄弟，此一段不可解之情，與生俱來，此之謂實，於是而始有仁義之名。」（《孟子師說》卷四）父母兄弟是人來到世間之後所處的最本然的關係，仁義則是一般的當然之則；在儒家看來，當然之則（規範）正是源於基本的人倫：作爲家庭關係中的一員，個體「應當」履行以孝慈等爲內容的仁義規範。

可以看到，將義務與人倫聯繫起來，強調義務蘊含於人倫，構成了儒家倫理的重要特點。這種看法注意到了義務的現實之維，避免了將其視爲抽象的設定。總之，在儒家那裏，普遍的規範既以善的認定爲前提，又以蘊含的方式涉及義務的承諾，從而，倫理學意義上的「應當」亦相應地表現爲價值確認與義務承擔的統一；前者規定了行爲的善的向度，後者則從現實人倫上爲何以當爲善提供了依據。

二

普遍的規範規定了「應當」做什麼，但並不能擔保人們在行爲中實際地遵循這種規範。如何化普遍的規範爲人的具體行爲？這裏首先當然涉及道德的認識。道德實踐中的爲善避惡，以善惡的分辨爲邏輯前提，而善惡的分辨則表現爲一個道德認識（知）的過程。道德認識意義上的「知」，雖然不同於事實的認知，但就其以善惡的分辨、人倫關係的把握、規範的理解等爲內容而言，

似乎亦近於對「是什麼」的探討：以善惡之知而言，知善知惡所解決的，仍不外乎什麼是善，什麼是惡的問題。從邏輯上看，關於是什麼的認識，與應當做什麼的行為要求之間，並不存在蘊含的關係。如所周知，休謨早已注意到了這一點，在他看來，僅僅從「是」之中，難以推出「應當」。休謨由此將事實認知與價值評價截然分離，無疑有其問題，因為在善的認定中，也已包含了認知的內容。不過，即使以價值確認而言，它固然通過肯定什麼是善而為行為的規範提供了根據，但懂得什麼是善並不意味著作出行善的承諾：在知其善與行其善之間，存在著某種邏輯的距離。

　　如前所述，規範內含著應當，以善的認定為根據，規範無疑涉及善惡的分辨：在肯定何者當為何者不當為的同時，它也確認了何者為善，何者為惡。然而，規範作為普遍的當然之則，總是具有超越並外在於個體的一面，它固然神聖而崇高，但在外在的形態下，卻未必能為個體所自覺接受，並化為個體的具體行為。同時，規範作為普遍的律令，對個體來說往往具有他律的特點，僅僅以規範來約束個體，也使行為難以完全避免他律性。

　　如何由知其善走向行其善？如果換一種提問的方式，也就是：如何擔保普遍的規範在道德實踐中的有效性？這裏似乎應當對德性予以特別的關注。人的存在總是要經歷一個化天性為德性的過程，德性從一個方面使人由自然意義上的存在，成為社會的存在，並進而提升為道德的主體。規範作為普遍的律令，具有無人格的特點，相對於此，德性更多地體現於個體的內在品格。作為內在的道德品格，德性在某種意義上可以看作是規範的內化。通過理性的體認、情感的認同以及自願的接受，外在的規範逐漸融合於自我的內在道德意識，後者又在道德實踐中凝而為穩定的德性。與規範主要表現為社會對個體的外在要求有所不同，德性在行為

中往往具體化爲個體自身道德意識的內在呼喚。較之規範，德性
與個體的存在有著更爲切近的聯繫：它作爲知情意的統一而凝化
於自我的人格，並在本質上呈現爲個體存在的內在狀態。當行爲
出於德性時，個體並不表現爲對外在社會要求的被動遵從，而是
展示爲自身的一種存在方式。在德性的形式下，知當然與行當然
開始相互接近；作爲同一主體的不同存在狀態，知當然與行當然
獲得了內在的統一性。

　　通過化外在規範爲內在德性，普遍規範在道德實踐中的有效
性，顯然也獲得了某種擔保。當然，這並不意味著否定規範的普
遍制約作用。社會的凝聚和秩序的維繫無疑需要一般的規範，行
爲要達到最低限度的正當性，也離不開普遍的當然之則。一般的
規範既對行爲具有普遍的範導意義，又爲行爲的評價提供了基本
的準則，它在道德實踐中往往更接近可操作的層面，因而有其不
可忽視的意義。同時，德性的形成總是需要經歷一個長期的過程，
相對於明其規範，成其德性似乎是一種更高的要求；就行爲而言，
較之對規範的依循，出乎德性也無疑是一種更高的，因而也更不
易達到的境界。由此而視之，遵循規範似乎應當成爲基本的、初
始的要求。然而，無論從個體抑或社會的角度看，停留於依循外
在規範這樣一個「底線」的層面顯然是不夠的，這不僅在於僅此
難以達到完善的道德關係，而且如前所述，當規範僅僅以外在的
形式存在時，其現實的作用本身往往缺乏內在的擔保。總之，行
爲的普遍指向與評價的普遍準則離不開一般的規範，而規範的現
實有效性又與德性聯繫在一起。

　　如前所述，德性並不僅僅表現爲正義、節制等特定的德目，
它在本質上融合於人的整個存在，並展現於生活實踐的各個方面。
個體可以在社會結構中承擔不同的角色，這種角色是自我的外在

呈現。但不管角色如何變換，個體都是同一個我，而德性則構成了自我較爲恆常的規定。作爲自我恆常的存在狀態，德性往往取得了境界的形式。境界不同於具體的行爲，但又制約著具體的行爲。一般的規範固然提供了行爲與評價的普遍原則，但它無法窮盡一切存在境遇，也難以規定行爲的一切細則；作爲德性表現形式的境界，則使不同境遇中的行爲都從屬於善的追求。

　　一般的規範作爲外在的行爲準則，往往可以成爲達到某種目的的手段。當名節等等成爲崇尚的對象時，依循規範便常常成爲獲得外在贊譽的工具，歷史上的僞道學便表明了這一點。普遍規範在未內化爲內在德性時，確乎包含著蛻變爲虛僞矯飾的可能。相對於此，德性所追求的是自我的實現，它注重的並不是功利聲名等外在的價值，而是內在的善；所謂內在，主要是指它的價值即在其自身，而不在於它可能獲得的功利結果。從這方面看，規範與德性的統一無疑亦有助於避免規範本身的虛僞化、維護道德的內在價值。

　　從中國哲學的歷史演進看，早期儒家已開始注意到德性在人的存在中的意義。孔子把成人（人格的培養）提到了十分重要的地位，以達到完美的人格之境爲價值目標。這種人格既表現爲內在的德性，又外化爲具體的行爲過程，而後者總是受到前者的範導。孔子說：「苟志于低矣，無惡也。」（《論語·里仁》）志於仁，即追求並確立以仁道爲內涵的人格，在孔子看來，一旦做到了這一點，那麼，在日常行爲中即可以避免不道德的趨向（無惡）。反之，如果缺乏這種隱定的人格，則往往很難一以貫之地保持行爲的善：「不仁者不可以久處約。」（同上）王陽明要求以本體制約功夫，以良知統攝節目時變（在不同時空中分化展開的行爲），同樣上承了這一思路。

　　作爲道德的自我，每一個體都是特定的歷史存在，他所處的社會關係、所面對的環境往往各異，所從事的活動也常常變換不居，帶有不可重覆的特點。如何使不同境遇中的行爲保持統一性或一貫性？逐一地爲每種行爲規定苛嚴的細則顯然行不通，就道德領域而言，內在的德性和人格無疑有其不可忽視的作用。相對於行爲的不可重複性與多變性，主體（行爲者）的德性作爲實有諸己的眞誠人格，具有綿延的統一性（在時間中展開的統一），它使主體在各種境遇中都能保持道德的操守，並進而揚棄行爲的偶然性，避免自我在不同情景中的變遷分裂，超越道德與非道德之間的徘徊動蕩。孔子對仁和具體行爲關係的界定、王陽明對本體和功夫及良知和節目時變等關係的考察，似乎已有見於此。[1]

　　儒家倫理的如上思路與康德似乎有所不同。康德在道德之域以實踐理性爲主要論題，其關注之點更多地指向如何建立普遍的道德秩序，他對道德律令的普遍性之反覆強調，並以「不論做什麼，總應該作到使你的意志所遵循的準則永遠同時能成爲一條普遍的立法原理」作爲實踐理性的基本法則（參見《實踐理性批判》，商務印書館，1960年，第30頁），都表明了此點。從某種意義上說，康德正是試圖以道德法則的普遍性來擔保普遍的道德秩序。以此爲出發點，康德對個體道德行爲的機制較少表現出興趣，他所說的善良意志，往往是指理性化的意志（與實踐理性相通），而善良意志的自我立法，則相應地表現爲超驗理性向自我頒布律

1　當代不少哲學家亦開始對內在德性與行爲的關係予以較多的關注，如 B。威廉姆斯便認爲，社會的影響往往通過個體的意向而起作用，在此意義上，「社會或倫理生活總是存在於人的內在心理定勢（disposions）中。」（Ethcs and the limits of Philosophy, London, P201）

令。可以說，在實踐理性之域，康德乃是以形式因爲動力因：表現爲普遍法則的形式因，同時即被理解爲動力因。這種推繹固然對普遍的道德秩序何以可能作了有意義的論析，但卻既未能對個體的道德行爲何以可能作出具體說明，也未能對普遍的規範如何在道德實踐中獲得有效性作出圓融的闡釋。

較之康德之關注普遍的道德秩序，休謨更多地考察了個體的行爲機制。與康德確信理性的力量不同，休謨對理性在道德實踐中的作用持懷疑的立場。在他看來，道德具有實踐的品格，它最終總是落實於具體行爲，但理性帶有靜態的特點，無法影響人的行爲：「理性是完全沒有主動力的，永遠不能阻止或產生任何行爲或情感。」（《人性論》第497—498頁，商務印書館，1981年）作爲認識能力，「理性的作用在於發現眞僞」（同上，第498頁），但發現眞僞並不必然導向行善（激發道德行爲）止惡（抑制不道德的行爲）。因此，結論便是理性不能成爲動力因。休謨正是由此將理性之外的情感提到了突出地位，以此爲人的最本源、最眞實的存在。在他看來，道德行爲應以情感爲動力因，理性惟有通過情感才能影響人的行爲（同上，第503頁），換言之，從道德原則到道德行爲的過渡並非僅僅基於理性之思或理性的形式因，無論就發生抑或過程而言，道德行爲都離不開情感等非理性的因素。對道德實踐的這種理解，與儒家一系的某些哲學家無疑有相近之處，事實上，儒家所理解的實有諸己的德性（如王陽明的所謂良知），便包含了休謨所說的道德情感。不過，休謨往往不適當地強化了情感等非理性因素的作用。對他來說，善惡等道德區分最終乃是以情感爲其依據，道德行爲的動因亦可完全還原爲經驗層面的情感：「對我們最爲眞實而又使我們最爲關心是的，就是我們快樂或不快的情緒，這些情緒如果是贊成德而

不是贊成惡的，那麼在指導我們行爲和行動方面來說，就不再需要其他條件了。」（《人性論》第509頁）這種看法不免帶有某種經驗論與非理性主義的色彩，它在注重具體的道德行爲機制的同時，似乎又使理性規範的普遍制約難以落實。相對於此，儒家則在堅持理性原則的前提下將德性理解爲知與情意、理性與非理性的統一，顯然又超越了內在德性與體現理性要求的外在規範之間的對峙。

中國傳統倫理要求化規範爲德性並肯定規範與德性的統一，其邏輯的前提即在於，德性與規範均以價值的認定爲內在根據。如前所述，規範要求行其所善，而行其所善首先基於對何者爲善的確認，儒家以仁道爲當然之則，而仁道的根據即在於人具有內在的價值，後者（人有內在價值）便是一種價值的認定。同樣，德性在某種意義上可以視爲一種善的品格，此所謂善，亦以價值的認定爲根據，形成善的德性，既意味著外在規範內化爲個體的品格，又可以理解爲按一定的價值原則來塑造自我。不難看到，正是價值的認定，賦予規範和德性以內在的統一性：二者本質上指向並溝通於相同的善。從倫理學上看，德性與規範的溝通一方面以德性擔保規範在道德實踐中的有效性，從而避免了規範的超驗化與抽象化；另一方面又以規範爲德性的普遍內容，從而維護了道德行爲與道德評價的普遍準則，中國傳統倫理的如上思考，對揚棄康德和休謨的片面性，顯然提供了有益的啓示。

三

德性作爲實有諸己的品格，是一種內在的本眞之我。但成於內並不意味著封閉於內。人格往往有其外在展現的一面，德性亦總是體現於現實的行爲過程。與化外在規範爲內在德性相關聯的，

是化德性爲德行。就其現實過程而言，成就德性與成其德行並非彼此隔絕，我們固然可以在邏輯上對二者分別加以考察，但在現實性上，二者又統一於同一自我的在世過程。作爲內在的人格，德性總是面臨著如何確證自身的問題，所謂德性的自證，並不僅僅是一種精神上的受用，它更需要在德行中確證自身。

　　德性的外部確證過程，同時也就是德性的外化過程。如果德性是眞實的，那麼它就總是既凝於內，又顯於外。德性的外化或對象化並不是一種遠離日用常行的過程，化德性爲德行也不一定表現爲驚天動地之舉，相反，它更多地內在於生活世界中的日用常行。道德關係總是展開於社會生活的各個方面，而每一主體又往往處於某種既定的社會環境之中，這種環境常常並不是主體能任意選擇的。這樣，道德實踐必然涉及如下二重關係，即環境的不可選擇性與行爲的可選擇性，而德性的力量即在於：在既定的環境中，不斷通過滲入日用常行而使行爲獲得新的意義，從而達到日用即道之境。

　　化德性爲德行，主要側重於以德行確證德性。德性與德行的關係當然不限於這一方面。德行屬於廣義的道德實踐，它在確證德性的同時，本身又總是以德性爲其內在的根據。對象世界林林總總，難以窮盡，人所處的境遇也往往變化不居，如果逐物而遷，滯泥於具體境遇或境遇中的偶言偶行，則往往不僅不勝紛勞，而且亦難以保持行爲的一貫性。惟有立其本體，以德性爲導向，才能使主體雖處不同境遇而始終不失其善。作爲眞誠的人格，德性表現了自我的內在統一，在此意義上，德性爲「一」，德行則是同一德性在不同社會關係與存在境遇中的多方面展現，故亦可視爲「多」，這樣，以德性統攝德行，亦可說是以一馭多。可以說，正是自我的內在德性，擔保了主體行爲在趨善這一向度上的統一

性。

　　中國傳統倫理在要求化規範爲德性的同時，並沒有忽視德性與德行的關係。以儒家而言，成就德性是其孜孜以求的道德目標，而德性並不僅僅被理解爲內在的精神狀態，它總是在實踐關係中得到具體的規定，並被賦予某種實踐的品格。儒家的知行之辨，亦在相當程度上涉及了德性與德行的關係：與仁知統一的理論構架相聯繫，所謂知，首先往往指向德性之知，而知與行的互動，則既意味著在習行過程中培養德性，也蘊含著化德性爲德行的要求。正是在後一意義上，王陽明強調「以成其德行爲務」，在闡釋格物致知時，王陽明對此作了具體論述：「若鄙人所謂致知格物者，致吾心之良知於事事物物也。吾心之良知，即所謂天理也。致吾心良知之天理於事事物物，則事事物物皆得其理矣。（《傳習錄中》）這裏的事事物物，主要就道德之域而言，如人際之間的倫理關係等，格、致則皆涉及道德實踐。與事事物物相對的良知，既以天理（普遍的規範）爲內容，又融合於吾心（個體的道德意識），因而可以視爲實有諸己的內在德性。所謂致吾心之良知於事事物物，也就是將道德意識運用於道德實踐（化德性爲德行），而事事物物皆得其理，則是內在的德性展示並體現於倫常世界。從心與理的關係看，這一過程表現爲通過心的外化而建立理性化的道德秩序；就德性與德行的關係言，它則可以看作是德性通過德行而對象化於現實的倫理關係。中國傳統倫理的看法，注意到了內在德性的實踐品格，同時亦肯定了人格對德行的統攝作用。對德性與德性統一性的這種確認，無疑使德性倫理進一步獲得了現實的內涵。

　　如前所述，德行可以看作是完善的道德行爲。具體而言，完善的道德行爲具有何種品格？亞里士多德曾從行爲主體的角度，

提出了德行應當具備的三個基本要素：「第一，他必須是有所知，自覺的；其次，他必須是有意識地選擇行爲的，而且是爲了行爲自身而選擇的；第三，他必須在行動中，勉力地堅持到底。」（《尼各馬科倫理學》，中國社會科學出版社，1990年，第30頁）第一點體現了理性的要求，後二點則從不同方面涉及了意志的規定：選擇表現爲意志的自主或專一品格，勉力堅持則體現了意志的堅毅性或意志努力；以上二個方面綜合起來，道德行爲便表現爲自覺與自願的統一。僅僅肯定行爲應出於理性之知，往往容易使理性規範變爲外在強制，亞里士多德要求將理性的自覺與意志的自願結合起來，無疑展示了較爲開闊的理論視域。

不過，理性的權衡和意志的選擇在某種意義上都是有意而爲之。休謨曾區分了二種德性，即人爲的德性（artificial virtue）與自然的德性（natural virtue）。人爲的特點在於以思想或反省爲媒介，亦即有所爲而爲；自然的特點則是「不經思想或反省的媒介」。（參見《人性論》第三卷）借用休謨的術語，似乎可以說，理性與意志的活動仍帶有某種人爲的性質。對規範的理性接受和服從，總是經過權衡思考而爲之，同樣，道德實踐中的意志活動，也往往是勉力而爲：意志的選擇在此意味著主體決定遵循某種規範，意志的努力則表現爲自我在行爲中堅定地去貫徹這種規範。在人爲的形式下，理性對規範的自覺接受與意志對規範的自願選擇確乎有相通之處。

在理性的自覺接受與意志的自願選擇中，行爲固然也可以取得自我決定的形式，但這種決定往往不免帶有勉強的性質，而且如上所述，其所接受、所選擇者，仍不外乎一般規範，因而它似乎也很難擺脫行爲的他律性：自我的決定在某種意義上成了外在命令的轉換形態（外在命令取得了自我命令的形式）。如何揚棄

行為的他律性？在此顯然應對行為的情感維度予以特別的關注。如果對現實的道德實踐作一較為完整的分析，便可注意到，除了理性的權衡與意志的選擇之外，具體的道德行為總是同時包含著情感認同。相對於理性接受與意志選擇的人為傾向，情感認同更多地表現出自然的向度。休謨已對此作了反覆的論述：「我們的義務感永遠遵循我們情感的普通的、自然的途徑。」（《人性論》第524頁）即使在道德判斷中，也同樣滲入了情感之維：「當你斷言任何行為或品格是惡的時候，你的意思只是說，由於你的天性的結構，你在思維那種行為的時候就發生一種責備的感覺或情緒。」（同上第509頁）換言之，對善惡的情感回應，是一種出於天性的自然過程。休謨對情感的理解當然不免有其經驗論的局限，但他肯定情感與自然的聯繫，卻並非毫無所見。就道德行為而言，情感的認同確乎不同於人為的勉強，而具有自然的趨向；正如好好色、惡惡確總是不假思為一樣，道德行為中的好善惡惡也並非有意為之。這種自然的趨向，使道德中的情感認同表現為自我的真誠要求：見善則內在之情自然契合（恰如好好色），見惡則內在之情自然拒斥（恰如惡惡臭），這裏沒有勉強的服從與人為的矯飾。完善的道德行為總是理性的判斷、意志的選擇、情感的認同之融合：如果說，理性的評判賦予行為以自覺的品格、意志的選擇賦予行為以自願的品格，那麼，情感的認同則賦予行為以自然的品格。只有當行為不僅自覺自願，而且同時又出乎自然，才能不思而為，不勉而中，並使行為擺脫人為的強制而真正取得自律的形式。德行的如上品格，同時也從一個方面展示了主體所達到的一種境界。

　　在中國傳統倫理中，我們同樣可以看到對德行的多重規定，儘管不同的哲學流派和哲學家往往各有側重，但他們所追求的則

都是道德行為的完善性。相對而言，儒家較多地考察了行為的自覺品格。孔子從仁知統一的前提出發，肯定合乎仁道的德行，總是同時受理性之知的制約。孟子區分了「由仁義行」與「行仁義」，前者是自覺地遵循仁義等理性的規範，後者則只是自發地合乎仁義；在孟子看來，前者是一種更高的行為境界。程朱一系的理學進而強調行為應當本於普遍之理，並以此為道德行為所以可能的條件：「要須是窮理始得，見得道理合用憑地，便自不得不憑地。」（《朱子語類》卷二十二）合用憑地即應當如此，由窮理而不得不憑地，意味著道德實踐即在於明其當然，依理而行，亦即自覺地遵循普遍的規範。

　　行為的自願選擇，是儒家關注的另一方面。儘管儒家在總體上更強調行為的自覺之維，但其中的一些代表人物並未因此而完全忽略自願的選擇。孔子肯定「為仁由己」，為仁即對仁道的身體力行（在道德實踐中依仁道而行），由己則是自我的選擇。在此，善的行為（為仁）即以主體的自願選擇為特徵。同樣，王陽明對行為的自願性質也予以了相當的關注，以為行其良知（依良知而行）的過程既是一個「得其宜」的過程，又具有「求自慊」的性質。所謂「得其宜」即合乎理性的準則；「自慊」，則是由於行為合乎主體意願而產生的一種愉悅感和滿足感，在王陽明看來，行為固然應當得其宜（合乎理性的原則），但不能僅僅將其歸結為對外在規範的服從，完美的行為在於「得其宜」與「求自慊」的統一。

　　較之儒家，道家更為注重行為的自然向度。道家以自然為第一原理，它既表現為一種價值的確認，又對主體的行為具有制約的意義。以法自然為原則，道家要求順導人的天性，反對以外在的規範對個體作人為的強制，所謂「無以人滅天」，便典型地體

現了這一趨向。當然，在崇尚自然的同時，道家往往懸置了一切理性的規範，從而常常未能對自然與自發作合理的區分。從道德行爲的角度看，《中庸》的如下論點似乎更值得注意：「誠者不勉而中，不思而得，從容中道，聖人也。」不思不勉，並非完全取消理性的作用，而是指普遍的規範內化於主體的深層意識，成爲人的第二天性，人的行爲則由此而獲得了近乎自然的性質：自然地合乎規範（中道）超越了理性的強制與人爲的勉強。

可以看到，中國傳統倫理從不同的側面，對完善的道德行爲作了多方面的規定。儘管以往哲學家還沒有在總體上將道德行爲理解爲自覺、自願、自然的統一，但道德的行爲的這些品格確乎已分別得到了具體的考察，它爲今天較爲全面地把握並深入地理解道德行爲，提供了值得珍視的思想資源。

倫理學的中心問題是「善何以可能」。向善的過程中以價值的認定爲其邏輯的前提，何者爲善的價值認定與應當爲善的義務承擔進而爲規範系統的建構提供了根據，行爲與評價則由此而獲得了普遍的準則，這種準則對道德秩序的建立是不可或缺的；但當然之則對行爲的範導並非僅僅表現爲外在的強制，規範在道德實踐中的有效性，也非僅僅取決於形式化的程序，它更需要個體德性的擔保，與之相聯繫的是凝道爲德（普遍規範內化爲個體的德性），如果說，規範賦予道德以普遍性向度，那麼，德性則從一個方面使道德獲得了現實性的規定；德性當然並不是封閉於內的抽象品格，作爲存在的一種狀態，它既要在道德實踐中確證自身，又同時在實踐過程中統攝具體行爲；德性的外化首先表現爲德行，後者既內含了理性的自覺，又關聯著意志的選擇和情感的認同；從個體的存在看，自覺、自願與自然的統一表體現了主體境界的昇華（由對規範的外在依循，到從容中道），從主體間的

關係看，化德性爲德行則賦予道德秩序以現實性的品格（以實踐的方式，使應當具有的秩序成爲現實的秩序），並使主體間在相近的道德層面彼此溝通。總之，倫理學不能僅僅自限於語義的辨析或形式化的程序，它應當關注現實的善，正是在後一方面，中國傳統倫理蘊含了富有啓示意義的思維成果。

附錄：

在史與思之間[1]

——訪楊國榮教授

　　記者：自80年代以來，您在中國哲學史方面的研究工作頗爲引人矚目，能具體介紹一下您在這一領域的研究情況嗎？

　　楊：在中國哲學史領域，我的研究興趣首先指向古典哲學。不同的文明形態都曾有過自己的原創時代，中國古典哲學亦以其獨特形式體現了這種原創性，正是這種原創性，吸引著後人不斷向它返歸並加以回省。我總認爲，研究中國古典哲學，不能僅僅就史而論史，重要的首先是把握其中具有原創意義的思想資源，後者既可以使我們重新經歷古代先哲的智慧之路，亦能爲今天的哲學思考提供無盡的啓迪。從先秦到明清，哲學史上不同的經典、人物、流派，往往都以其一家之言、相反之論，表現了對普遍之道的獨特理解，具體地闡釋和澄明這種理解，無疑是一件有意義的工作。自80年代初開始，我便從不同側面對中國古典哲學作了若干疏解和詮釋，涉及的範圍包括先秦諸子（儒、道、墨、法等）、漢代儒學、魏晉玄學、宋明理學、清代樸學等。

　　記者：除了中國古典哲學，您對近現代哲學也十分關注，在這二個領域中，您的研究角度是否有所不同？

1　本文係《哲學動態》記者對作者的訪談錄，原載中國社會科學院哲學研究所主辦的《哲學動態》（北京）1997年第4期。

楊：中國哲學步入近代以後，其形態也隨之發生了變化。中西文化的相遇，是近現代的一個基本事實。中國哲學與西方哲學本來一直在各自不同的文化歷史背景中衍化發展，除明清之際等短暫、零星的接觸外，在近代以前，很少有實質性的交流。然而，近代以降，中西哲學的碰撞和互動已成為一個無法回避的問題。如果說古典哲學主要展開於相對單一的傳統，那麼，近現代哲學則在不同層面上表現為中西哲學交融的產物。相對於古典哲學研究中主要關注於其原創性的思想資源，對近代哲學，我更多地著重於分析中西融滙這一獨特的哲學史現象。當然，這並不是說，近現代哲學家沒有新的哲學建樹，我想強調的只是這種建樹始終以中西哲學的互動激蕩為其背景。離開了這一背景，便無法理解中國近現代哲學。

記者：從近現代進而延伸，對當代哲學家特別如馮契等人的工作，您也發表了不少文章，中國當代哲學又有什麼明顯的特點呢？

楊：當代哲學是近現代哲學的繼續。不過，從總體上看，當代哲學雖然並不沉寂，但自成體系的哲學家似不很多。這一時期值得特別注意的是馮契先生的工作，他以智慧說溝通本體論、認識論、價值論，既體現了真善美統一的悠遠哲學傳統，又展示出超越科學主義與人本主義對峙的獨特思路。這種哲學思考以馬克思主義為出發點，同時又吸納了中國哲學與西方哲學的思維成果，因而可以看作是近現代中西哲學交融的歷史延續。它的意義，也許會隨著時間的推移而逐漸顯示出來。作為馮契先生的學生，我自然對他的工作尤為關注。

記者：談到中西哲學，我注意到，您雖然主要研究中國哲學，但對西方哲學也下過相當功夫，您是否也有會通中西哲學的旨趣？

楊：功夫和會通還談不上。但我確實對西方哲學十分重視。中西哲學在尚未相遇時，曾經過了不同的發展過程並形成了各自的傳統，二者的這種發展基本上並不以彼此的影響爲背景。步入近代以後，中西哲學相互隔絕的歷史便逐漸終結，對中國哲學來說，西方哲學的存在，已成爲一種本體論的事實：無論是對古典哲學的詮釋，抑或哲學的重建，都無法繞過這一事實。歷史地看，與形式邏輯未受重視相應，中國哲學所展開的主要是實質的體系，而在形式的體系化這方面則顯得較爲薄弱。相對而言，西方哲學從早期開始便較爲注重形式的體系化，對概念的界定、命題間的邏輯關係的闡釋等等亦往往比較清晰，在現代的分析哲學系統中，這一點表現得尤爲明顯。對傳統哲學的任何闡釋，都在不同程度上表現爲一個邏輯重建的過程，後者總是涉及形式的體系化，而西方哲學在這方面無疑可以提供某些範式。當然，以西方哲學爲研究背景以及運用比較研究的方式，如果處理不當，也可能帶來某些問題，如比較導向比附、古人思想被現代化等，這種偏向無疑應當抑制。但是，不能因此而完全拒斥西方哲學的背景和比較研究的方法。在中西哲學的相遇已成爲一種本體論事實的歷史條件下，以純化的方式來研究中國哲學，只能是回到傳統的經學式的疏解，這顯然既不合理，也不可能。事實上，人類思維固然因東西方的不同歷史背景而呈現不同的特點，但它面對的問題往往又有相近之處；或者說，提問的方式及解決問題的理路有所不同，但問題的內涵又常常相通，後者爲中西哲學之間的深層面的比較與對話等提供了可能。就此而言，西方哲學作爲一種背景，不僅爲「形式」的體系化提供了某種範式，而且在「實質」的方面亦構成了研究的參照系。

記者：您對西方哲學的以上態度，已不僅僅涉及哲學史，而

且關聯著一種哲學的立場。事實上，在您的哲學史研究中，往往不僅包含著史的考察，而且滲入了某些哲學原理的思考，這裡似乎蘊含著哲學與哲學史的關係。您是如何看待這二者的？

楊：哲學與哲學史事實上很難截然分離。從現實的形態看，哲學史是在歷史過程中展開的哲學，離開了從古希臘到現代西方的諸種哲學體系，也就沒有西方哲學；同樣，在先秦以來的百家眾說之外，也不存在另一種中國哲學。撇開哲學的歷史，便無法解決哲學究竟是什麼的問題。就哲學思考與研究而言，一方面，哲學不能憑空構造，任何新的哲學建構都要以以往哲學提出的問題或積累的思維成果為出發點；另一方面，對哲學史的梳理闡釋也總以研究者的哲學觀為「先見」，並滲入了研究者的哲學見解，在此意義上，可以說，哲學史的研究同時也就是哲學的研究，歷史的分疏與理論的闡發難以彼此相分。基於這一看法，我在肯定學無中西的同時，又一再強調哲學與哲學史的統一，後者也可以理解為史與思的融合。

記者：確實，從您的研究中，我們可以看到史與思融合的趨向。特別是近幾年，您的研究涉及了不少哲學的理論問題，並表現了您對這些問題的獨特理解。您對主體間性的看法，便是其中一例。

楊：主體間性是一個關乎多重領域問題，認識過程中的意見爭論，道德實踐中主體間的互動，價值領域中的人我關係，乃至廣義的社會交往行為的問題。而從哲學史，包括現代西方哲學看，對這一問題的理解往往存在不同的偏向，這也是我之所以對它重視並加以討論的原因。我認為，主體間關係有其內在性的一面，關係的這種內在性或內在關係展示的是：作為關係項的主體只能存在於關係之中，而不能存在於關係之外。存在主義雖然並不否

定主體間性，但似乎未能注意這種關係的內在性：他們往往以現象學的方式把主體間關係懸置起來並以此作爲達到本眞之我的前提，而其結果則是導向自我中心或「我」的封閉化。當然，主體間關係不僅僅是內在的，它同時也有外在性之維。主體固然不能離開主體間關係而存在，但主體總是包含著不能爲關係所同化或消融的方面。關係相對我而言，具有爲我而存在的一面。主體之間總是在某種界限，這種界限不僅表現在時空上，而且具體化爲心理距離、利益差異等等；「我」承擔的某些社會角色固然可以爲他人所替代，但我的個體存在卻具有不可替代性。存在與角色的差異從一個方面表現了主體不能完全爲關係所同化。布拉德雷、維特根斯坦、哈貝馬斯等在強調主體間關係內在性的同時，對關係的外在性未免有所忽視，在布拉德雷那裡，自我往往被消融於大全或關係世界；在維特根斯坦那裡，以生活樣式爲背景的遊戲，取代了「我」的內在意識過程；在哈貝馬斯那裡，主體的向外敞開，或多或少導向了主體的對象化：我的內在世界被外化爲他人的對象。合理的思路應當是將主體間關係理解爲內在性與外在性的統一，關係的內在性意味著超越封閉的我，從主體走向主體間；關係的外在性則要求肯定主體自身的存在意義，避免以關係消融自我。

　　記者：由主體間性引向具體的倫理關係，您近來似乎表現出對德性倫理的注重，並亦論及德性與德行等關係，能否談談這方面的看法？

　　楊：就中國哲學史而言，德性問題與成人學說相聯繫，一直備受關注，從先秦到宋明，德性與人格始終是道德哲學關注的重心之一，其論析思考，在今天仍有多方面的啓示意義。在西方哲學史上，亞里士多德已提出了一個德性倫理的系統，在義務論、

功利論（或更廣義上的consequentialism）、元倫理學等各領風騷之後，而當代一些西方哲學家如Ａ·麥金泰爾、Ｂ·威廉姆斯等又提出了回到德性倫理的要求，這種趨向無疑是值得注意的，從倫理關係與道德實踐上看，每一個體都是特定的歷史存在，他所處的社會關係、所面對的環境往往各異，所從事的活動也常常變換不居，帶有不可重複的特點。如何使不同境遇中的行為保持統一性或一貫性？逐一地為每種行為規定苛嚴的細則顯然行不通，就道德領域而言，內在的德性和人格無疑有其不可忽視的作用。相對於行為的不可重複性與多變性，主體（行為者）的德性作為實有諸己的真誠人格，具有綿延的統一性（在時間中展開的統一），它使主體在各種境遇中都能保持道德的操守，並進而揚棄行為的偶然性，避免自我在不同情景中的變遷分裂，超越道德與非道德之間的徘徊動蕩。因此，如何形成完美的德性，是道德哲學應當正視的重要問題。

記者：德性與德行相聯繫，您對德行是如何理解的？

楊：完善的道德行為應當具有何種品格，這是中西哲學很早就開始探討的問題。亞里士多德與早期儒家都已注意到應該將理性的自覺與意志的自願選擇結合起來。不過，理性的權衡和意志的選擇在某種意義上都是有意而為之。休謨曾區分了二種德性，即人為的德性（artificial virtue）與自然的德性（natural virtue）。人為的特點在於以思想或反省為媒介，亦即有所為而為；自然的特點則是「不經思想或反省的媒介」。借用休謨的術語，似乎可以說，理性與意志的活動仍帶有某種人為的性質。對規範的理性接受和服從，總是經過權衡思考而為之，同樣，道德實踐中的意志活動，也往往是勉力而為：意志的選擇在此意味著主體決定遵循某種規範，意志的努力則表現為自我在行為中堅定地貫

徹這種規範。在人為的形式下，理性對規範的自覺接受與意志對規範的自願選擇確乎有相通之處，也正是以此為前提，一些哲學家（如朱熹）常常以自覺消解自願。在理性的自覺接受與意志的自願選擇中，行為固然也可以取得自我決定的形式，但這種決定往往仍不免帶有勉強的性質，而且如上所述，其所接受、所選擇者，仍不外乎一般規範，因而它似乎也很難擺脫行為的他律性：自我的決定在某種意義上成了外在命令的轉換形態（外在命令取得了自我命令的形式）。如何拋棄行為的他律性？在此顯然應對行為的情感維度予以特別的關注。如果對現實的道德實踐作一較為完整的分析，便可注意到，除了理性的權衡與意志的選擇之外，具體的道德行為總是同時包含著情感認同。相對於理性接受與意志選擇的人為傾向，情感認同更多地表現出自然的向度。休謨已對此作了反複的論述，認為對善惡的情感回應，是一種出於天性的自然過程。休謨對情感的理然不免有其經驗論的局限，但他肯定情感與自然的聯繫，卻並非毫無所見。就道德行為而言，情感的認同確乎不同於人為的勉強，而具有自然的趨向；正如好好色、惡惡臭總是不思而為一樣，道德行為中的好善惡惡也並非有意為之。這種自然的趨向，使道德中的情感認同表現為自我的真誠要求：見善則內在之情自然契合（恰如好好色），見惡則內在之情自然拒斥（恰如惡惡臭），這裡沒有勉強的服從與人為的矯飾。完善的道德行為總是理性的判斷、意志的選擇、情感的認同之融合：如畢說，理性的評判賦予行為以自覺的品格、意志的選擇賦予行為以自願的品格，那麼，情感的認同則賦予行為以自然的品格。在我看來，完善的道德行為應當是自覺、自願與自然的統一。

　　記者：除了道德哲學外，您近期的文章似乎對本體論也表現出某種興趣，可以談談這方面的看法嗎？

　　楊：哲學總是無法回避存在問題。從巴門尼德到海德格爾，儘管發問的方式不同，但對存在的追問卻綿綿相續。實證主義拒斥存在的探索，只能使哲學變得貧乏化。當然，對存在的追問，並非僅僅是一種抽象的玄思。存在的探尋總是與人自身的「在」聯繫在一起。相對於本體論意義上的「有」（being），人自身的「在」更多地展開於人的生存過程：它在本質上表現爲一種歷史實踐中的「在」（existence）。離開人自身的「在」，存在（being）只具有本然或自在的性質；正是人自身的「在」，使存在的向人敞開。因此，不能離開人自身的「在」去對存在作思辯的懸想。當然，人自身的「在」，也並非處於存在之外，它總是同時具有某種本體論的意義。這樣，人一方面在自身的「在」（existence）中切入存在（being），同時又在把握存在的過程中，進一步從本體論的層面領悟自身的「在」。

　　從以上的前提出發，我認爲，本體論的研究也許可以有二種進路，其一，本體論、認識論與邏輯學的結合，亦即在廣義的認識過程中把握存在的意蘊，從康德、黑格爾到馬克思，都已在不同層面上展示了這一思路，而其內在理念則是存在（或本體）與方法的統一，當康德提出人給自然立法時，其內蘊的前提即是存在與方法的統一（亦即認識的工具與存在規定的統一）；其二，本體論、倫理學與價值論的結合，亦即在人自身存在意義的追求與實現中，來不斷敞開存在，而它所指向的，則是存在與境界的統一，這一理路較爲典型地體現於中國哲學。存在與「在」的雙重追尋，總是不斷將人引向新的境界。境界既蘊含了對存在的理解，又凝結著人對自身生存價值的確認，並寄托著人的「在」世理想。與存在與「在」的探尋相聯繫，境界無疑表現了對世界與人自身的一種精神的把握，但這種把握並不僅僅以思辯地言說爲

其形式，它更多地以實踐精神的方式展開。境界既展示了人所達到和理解的世界圖景，又與人自身的「在」融合為一。當然，以上二重路向儘管側重不同，但並非彼此懸隔，在求眞、向善、趨美的過程中，本體與方法，存在與境界統一於對存在的終極追問中。